Emprego

LUIZ ALBERTO DE PAULA RODRIGUES

Emprego
Vencendo desafios

1ª edição

2004

temas de hoje

Copyright © 2004 Luiz Alberto de Paula Rodrigues

Capa Claudionor Martim
Preparação Maria Sylvia Correa e Otacílio Nunes
Revisão Regina Pereira e Márcio Guimarães

Coordenação editorial Editora Página Viva

DADOS INTERNACIONAIS DE CATALOGAÇÃO NA PUBLICAÇÃO (CIP)
(CÂMARA BRASILEIRA DO LIVRO, SP, BRASIL)

> Rodrigues, Luiz Alberto de Paula
> Emprego : vencendo desafios / Luiz Alberto de Paula Rodrigues. — 1. ed. — São Paulo: Editora Planeta do Brasil, 2004.
> Bibliografia.
> ISBN 85-89885-37-2
>
> 1. Curriculum vitae 2. Empregos – Procura 3. Mercado de trabalho 4. Pessoal – Seleção e colocação I. Título.

04-5091   CDD 650.14

ÍNDICE PARA CATÁLOGO SISTEMÁTICO:
1. Empregos : Procura : Administração   650.14

2004
Todos os direitos dessa edição reservados à
EDITORA PLANETA DO BRASIL LTDA.
Alameda Ministro Rocha Azevedo, 346 - 8º andar
01410-000 - São Paulo - SP
vendas@editoraplaneta.com.br

Agradecimentos

Gostaria de expressar meu carinho e minha gratidão a meus filhos, Fernanda de Paula Rodrigues e Henrique de Paula Rodrigues, razões maiores do meu esforço. A minha esposa, Cirinea de Paula Rodrigues, pela paciência e compreensão quando dos meus momentos de distanciamento e meditação tão necessários para a concretização desta obra.

A Edmur Godoy, um amigo especial, pelos constantes questionamentos que me levaram a trilhar outros caminhos em busca da verdade e de nova energia. A todos os jovens, por serem inspiradores desta obra e para os quais tive e tenho dedicado meus conhecimentos a fim de servi-los e auxiliá-los em seu desenvolvimento intelectual.

Todos têm um propósito de vida, um dom singular ou um talento único para dar aos outros. E quando misturamos esse talento singular com benefícios aos outros experimentamos o êxtase da exultação do nosso próprio espírito — entre outros, o supremo objetivo.

Deepak Chopra

SUMÁRIO

Meus objetivos	*13*
A quem este livro se destina	*15*
Introdução	*17*
1º desafio – Entendendo a colocação profissional	*23*
2º desafio – Estou disponível ou desempregado?	*26*
3º desafio – Melhorando sua auto-estima	*28*
4º desafio – Cuidado com a depressão	*33*
5º desafio – Planejando sua colocação profissional	*36*
6º desafio – Definindo seu perfil profissional	*39*
7º desafio – Vendendo sua imagem	*42*
8º desafio – Planejando e elaborando seu currículo	*46*
Melhorando a eficiência de seu currículo	*47*
O currículo abre as portas para entrevistas	*47*
Funções básicas do currículo	*48*
Organizando seu currículo	*49*
Preparando seu currículo	*50*
O que não usar em seu currículo	*52*
Formato e aparência do seu currículo	*53*
Distribuindo seu currículo	*54*
Pesquisando oportunidades de emprego pela internet	*54*
9º desafio – Redação de sua carta de apresentação	*56*
A carta de apresentação	*57*
Divulgando seus aspectos relevantes	*58*
Divulgando sua formação acadêmica e sua experiência profissional	*58*
Terminando a carta de apresentação	*59*
Reproduzindo a carta de apresentação	*59*
10º desafio – Entendendo o processo seletivo e suas estratégias de avaliação	*61*
Análise do currículo	*61*
Entrevistas	*63*
Testes	*66*

SUMÁRIO

Teste psicotécnico	67
Teste grafológico	67
Redação	68
Testes ou provas técnicas	71
Testes situacionais e dinâmicas de grupo	71
11º desafio – Entendendo as dinâmicas de grupo	**73**
12º desafio – Vencendo os medos	**76**
13º desafio – Participando das dinâmicas de grupo	**80**
14º desafio – Participando da entrevista técnica	**86**
15º desafio – Participando do processo seletivo pela internet	**101**
16º desafio – Preparando-se para o primeiro dia de trabalho	**103**
As rotinas e as relações trabalhistas	103
Recrutamento	104
Seleção	105
Treinamento	106
Processo de admissão	107
Contrato de trabalho	107
Contrato de experiência	107
Exames médicos	108
Fundo de Garantia do Tempo de Serviço (FGTS)	109
Fundo de Participação PIS-Pasep	109
Processo de demissão do empregado	110
Aviso prévio	110
Rescisão do contrato de trabalho	110
Homologação	110
Seguro-desemprego	111
17º desafio – Como se relacionar na nova empresa	**112**
Teoria das Relações Humanas	112
18º desafio – Ingressando na empresa como estagiário	**120**
Programa de *trainees*	121
19º desafio – Transforme sua vida	**123**
Apêndices	**127**

SUMÁRIO

Estágio – Lei nº 6.494 *128*

Estágio – Decreto nº 87.497 *130*

Dinâmicas de Grupo *134*
Exemplo 1 – Teste dos três minutos *135*
Exemplo 2 – Liderança grupal *136*

Testes *138*
Testes psicotécnicos *138*
Teste de grafologia *141*
Teste de personalidade *143*

Modelo de currículo *147*

Bibliografia *150*

MEUS OBJETIVOS

Após vinte anos exercendo várias funções em Recursos Humanos, desde instrutor de treinamento até consultor de RH, passei pela experiência de buscar uma recolocação no difícil mercado de trabalho depois dos 45 anos. No meu caso, a idade chegou a restringir novas posições apesar da vasta experiência adquirida nesses anos todos. As dificuldades foram imensas e estar do outro lado do papel que exerci por muito tempo foi, ao menos, uma experiência boa. Em síntese, para manter o mesmo padrão de vida que levava, o salário que almejava era muito superior ao que as empresas ofereciam, assim normalmente as vagas eram preenchidas por profissionais que se sujeitavam a receber um quinto do que eu pleiteava.

Durante o tempo em que busquei uma nova colocação, pude perceber quanto meus "concorrentes", na sua maioria jovens, estavam despreparados para participar de um *processo seletivo*,* principalmente os recém-formados. As escolas e as universidades não se preocupam em prepará-los para o "após curso" e, dessa forma, eles partem sem nenhum planejamento para o mercado de trabalho, em busca do seu primeiro emprego.

Alguns já apresentavam sintomas de depressão pelos vários "fracassos" na busca de uma vaga; outros, já conformados, acreditavam que nunca iriam conseguir o primeiro emprego por "culpa" dos empresários, que buscavam um profissional "pronto".

Muitos partiram para a economia informal ou abriam um "negó-

---

* Acredito que esse tema deveria fazer parte do conteúdo programático dos cursos de formação, de modo que o futuro profissional saísse de sua escola sabedor do que o espera lá fora: um mercado de trabalho altamente competitivo.

cio próprio" sem experiência e sem conhecimentos de matemática financeira para, pelo menos, terem alguma informação sobre as perspectivas desse trabalho "autônomo".*

Assim, resolvi colocar no papel todo o meu conhecimento, principalmente em *processo seletivo*, e colaborar com o jovem recém-formado na busca de sua primeira colocação no mercado de trabalho, bem como com aqueles profissionais experientes que procuram recolocação. Mas como proceder? Não basta olhar para o diploma e pensar "O que eu faço agora?" A resposta é simples, mas ao mesmo tempo complexa: é preciso PLANEJAMENTO.

Estar bem preparado para o processo seletivo é a senha para o sucesso. Para aqueles que, por contingências, estão desempregados, ou melhor dizendo, *disponíveis*, este livro será de grande valia, pois uma boa preparação, aliada ao conhecimento e experiência já adquiridos, abrirá muitas portas.

Reforçando: Conseguir o primeiro emprego ou uma nova colocação não é tarefa simples, mas se bem orientado e preparado as suas chances serão muito maiores, tão grandes quanto a sua determinação. Este é meu principal objetivo: *levá-lo a superar desafios.*

Na medida em que dúvidas forem surgindo, entre em contato comigo pela internet, pelo *site* www.cooperacaorh.com.br ou pelo e-mail cooperacaorh@socorronet.com.br

---

* A ausência de planejamento, a falta de conhecimentos de matemática financeira e de contabilidade certamente são responsáveis pela mortalidade de mais de 72% das empresas que fecham antes de completar um ano de vida.

A QUEM ESTE LIVRO SE DESTINA

A todos os *recém-formados* em:
- Supletivo 2º grau;
- Supletivo 2º grau profissionalizante;
- Escolas técnicas de 2º grau;
- Formandos em cursos do 3º grau de curta duração — tecnólogos;
- Faculdades e universidades — bacharelado;
- Faculdades e universidades: pós-graduação, mestrado, doutorado;

- A todos os que se encontram *disponíveis no mercado de trabalho*, desligados da última empresa ou ligados a uma empresa, mas buscando uma nova e melhor oportunidade;
- Aos *profissionais de Recursos Humanos* que atuam nos setores de Recrutamento e Seleção;
- Aos *executivos* que, em determinado momento, participam do processo seletivo de um novo colaborador para sua empresa;
- Aos *dirigentes* e *empresários*, para que tomem ciência do novo perfil do colaborador do século XXI;
- A *todos* aqueles que se interessam pelo tema.

INTRODUÇÃO

ESCREVER UM LIVRO SOBRE OS TEMAS empregabilidade, emprego, mercado de trabalho, desemprego, mercado globalizado, entre outros, já é um grande desafio. Mas desenvolver um trabalho que venha ao encontro do objetivo traçado, ou seja, aumentar suas chances, leitor, de conseguir seu primeiro emprego ou de ter seu emprego de volta é muito mais complicado e complexo.

Pesquisei muito tempo esses vários temas, mas a preocupação mais latente era de como essa minha contribuição poderia atingir seus objetivos em um país com tamanho índice de desemprego como o nosso.

As esperanças em um novo governo com propostas novas e mais ousadas, de alguma forma, me deram um alento. Aliando-se a este trabalho o esforço dos empresários e tantas outras iniciativas que venham a surgir, quem sabe faremos os índices de desemprego diminuírem e você, caro amigo, ter facilitado seu processo de colocação profissional e, por conseqüência, conseguir seu almejado emprego.

Toda a minha preocupação com o tema, em parte, pode ser resumida em um texto de Antonio Cezar Ross de Garcia, extraído do seu projeto de mestrado, apresentado em 1998 na Escola de Serviço Social da UCPelotas:

> *O trabalho existe para o homem ou o homem foi criado para o trabalho? É essa a nossa dúvida central a respeito dos papéis que desempenham o homem, a economia e as idéias, no que se refere aos processos de produzir bens e serviços que venham atender as necessidades humanas.*

A meu ver, os papéis ao longo da história se inverteram, pois entendo que, do homem e das relações sociais, nasceram todas as atividades econômicas. Se este as criou para servir a si e aos outros semelhantes, como pode agora a criatura engolir ou dominar o criador?

O processo de produção só existe porque existe o homem. E uma fábrica, um prédio de bolsa de valores, um livro só existem quando compreendidos pelos caracteres da inteligência humana, fora disso são somente objetos sem sentido. Como pode a grande maioria dos homens desfrutar e participar tão pouco das maravilhas tecnológicas que a humanidade produziu?

Como se explicam a miséria, o desemprego, se essa raça produz tanta comida, roupa, casas, produtos e serviços, em tanta quantidade e qualidade? Será que aqueles que lutaram por uma descoberta, alguns com o sacrifício da própria vida, que produziram uma semente nova, a cura para uma doença, um novo motor, realizaram isso para o deleite de poucos e egoístas capitalistas ou estavam preocupados em melhorar a vida de seus semelhantes?

O aumento fantástico de produtividade gerado pela informática, que é esforço milenar da humanidade, em que beneficiou o homem comum? Em nada! Somente o afastou do mercado de trabalho e o transformou em um produto descartável.

Por que não se reduz a jornada de trabalho, já que a produtividade dobrou nos últimos anos? Não, a humanidade dobra a produção e demite metade de seus trabalhadores. É para isso que vivemos, trabalhamos e lutamos? Para que seres do Terceiro e do Quarto Mundo vivam em piores condições que os homens da caverna? Lá, pelo menos, podiam colher e caçar à vontade. Hoje todas as searas possuem proprietários. Até o lixo.

Como você, leitor, pôde entender, são muitas as dificuldades entre o capital, o trabalho e suas relações com o Estado. Junte a tudo isso o fato de sermos um país em desenvolvimento, de vocação eminentemente agrícola e quase totalmente dependente de recursos financeiros e tecnológicos de países ricos.

Além disso, somos totalmente desprovidos de qualquer tipo de informação sobre economia, matemática financeira e investimentos, que nos possibilitaria, ao menos, controlar nossa "contabilidade doméstica". A meu ver, a atribuição de ensinar matemática financeira e contabilidade, entre outros temas de igual importância, deveria ser

INTRODUÇÃO

de toda e qualquer escola de formação, graduação e até mesmo de pós-graduação e mestrado. A realidade dos nossos dias mostra que a maior preocupação de nossas instituições de ensino é preparar e formar pessoas para o mercado de trabalho. Não existe a preocupação, pelo menos na maioria delas, de preparar o jovem para ganhar dinheiro, ser empreendedor, ser dono do próprio nariz. Espero que esses temas sejam rapidamente colocados nos currículos escolares.

Do ponto de vista pessoal e profissional, este livro transcende seu objetivo central. Ele é um convite à reflexão sobre o processo de mudanças pelo qual passamos e que acredito que você, leitor, esteja sentindo.

Assim, planejar e projetar uma carreira profissional de sucesso passa a ser dever de todos. A *competência* deverá prevalecer sobre os métodos arcaicos. O *talento* de cada um deverá ser usado em prol da coletividade. A intuição passará a fazer parte integrante de seu processo decisório.

As empresas, em breve, irão contratar profissionais *alinhados com os novos tempos* e deixarão de lado a busca a qualquer custo de poder, a competição sem escrúpulos. Em troca, farão parcerias e terão por metas, além do lucro, o bem-estar da humanidade. Serão grandes os desafios dos novos tempos.

Isto colocado, como você que busca o primeiro emprego ou um novo emprego vê seu futuro daqui a cinco, dez ou vinte anos?

Planejar sua carreira profissional passa, obrigatoriamente, pela projeção do seu futuro e, do meu ponto de vista, você precisa definitivamente entender que o emprego típico da fase da industrialização, pela qual passou o mundo e o Brasil, quando o padrão era segurança no emprego, maturidade, vasta experiência (especialista), lealdade à empresa, tempo de permanência longo objetivando a aposentadoria, está mudando com muita rapidez e perdendo espaço.

Esse tipo de emprego era igual ao que seus pais tiveram. No entanto não trouxe a eles grande prosperidade. Basta olhar a aposentadoria que recebem ou verificar as dificuldades pelas quais passam. Na maioria dos casos, mal dá para a sobrevivência. Muitos são obrigados a voltar a trabalhar ou ter mais de um emprego.

Então, PARE E REFLITA: você não estaria trilhando os mesmos caminhos dos seus pais? Eles lhe ensinaram que você precisava estudar bastante para conseguir um bom emprego e ter segurança no futuro.

Eles passaram por esse processo, mas, em quanto a vida deles até os últimos dias está garantida? Você não terá que trabalhar para sustentá-los? Este estilo de vida servirá para você?

É lógico que a resposta é NÃO! *Abra seus olhos, pois você precisa inovar e mudar de estilo!*

A era da Revolução Industrial terminou e já estamos em plena fase da Revolução da Informação, em que aquelas características profissionais são atributos cada vez mais raros.

Hoje, ser jovem, intuitivo, ético, criativo, com pouca experiência até, mas voltado sobretudo para áreas de alta tecnologia, passa a fazer parte do perfil desejado pelas empresas que estão preocupadas em sobreviver neste mundo globalizado.

Muitas empresas, vivendo ainda na era industrial, lançam mão de métodos ultrapassados para atrair e manter seus "funcionários" trabalhando. Você poderá observar:

O que mais o atrai em uma oportunidade de emprego?

- Plano de carreira?
- Plano de benefícios?
- Plano de assistência médica?
- Estabilidade?
- Chance de promoção em curto prazo?
- Treinamento?
- Todos os anteriores?
- E você já percebeu que os anúncios oferecendo vagas pedem o máximo de você em termos de qualificação e, em contrapartida, oferecem exatamente o que você procura em um emprego? Estabilidade, segurança, planos disso, planos daquilo?

Mas será que isso é tudo? Será que não são iscas para atraí-lo e depois exigir o máximo de você? Não será somente uma forma de manter tudo como está, exatamente da forma como seus pais trabalharam ou trabalham hoje em dia?

Ou seja, você ficará contente com seu salário no fim do mês e pagará seus impostos para o governo, suas dívidas para com o sistema bancário ou empresas que lhe dão crédito, pagará suas dívidas com o cartão de crédito que lhe dá o *status* que você acha que merece.

Provavelmente fará outras dívidas, quem sabe com um carro ou moto e, depois de um tempo, perceberá que o seu mês só tem quinze ou vinte dias, ou seja, seu dinheiro acabará antes de completar os trinta dias de trabalho.

Parte do seu dinheiro irá para a Previdência Social lastrear sua "futura aposentadoria" — a qual, aliás, você não faz a mínima idéia de como funciona —, e, apesar de contribuir compulsoriamente, precisará ter um plano de assistência médica a ser pago a peso de ouro, ou por você ou por sua empresa, como forma de mantê-lo "motivado" a produzir mais e mais.

Esse é o Sistema ou isso é o Sistema que começa a mudar. Se você atentar para alguns detalhes importantes poderá sair-se bem em um novo emprego e, ao mesmo tempo, preparar bases sólidas para seu futuro que está logo aí bem a sua frente. Não há tempo a perder.

Mas o que se deve procurar nos anúncios de vagas?

É claro que todos aqueles itens anteriormente descritos são importantes para sua segurança enquanto estiver empregado, mas você precisa de algo mais. Você precisa que no fim do mês sobre dinheiro em seu bolso para investir em algo que lhe traga retorno financeiro a curto, médio ou longo prazo (pense em você com 60 ou 70 anos. O tempo passa rápido).

- *Participação nos lucros:* Por exemplo, você poderá buscar uma empresa que lhe ofereça participação nos lucros, e o percentual que lhe couber, e para o qual contribuirá, poderá ser aplicado objetivando retorno financeiro.
- *Plano de carreira:* Apesar de fazer parte dos itens para atrair candidatos, você poderá planejar toda a sua carreira profissional, conhecendo a fundo o plano de carreira oferecido. Esse plano normalmente é acompanhado de um programa de treinamento que envolve, em alguns casos, cursos de pós-graduação e até cursos no exterior. Apesar de a empresa acenar que você seja "eternamente grato" por esse investimento, você deverá entendê-lo como mérito seu e dele tirar o maior proveito para alicerçar sua carreira profissional.

- *Plano de benefícios:* Normalmente os benefícios oferecidos pelas empresas, na maioria de grande porte, são:
  – Serviço odontológico;
  – Refeitório no local de trabalho ou cesta básica;
  – Vale-transporte;
  – Plano de assistência médica;
  – Clube, entre outros.

Nesse caso, a estratégia a ser usada é transformar os gastos que você teria, caso necessitasse desses serviços, em dinheiro e aplicá-lo para auferir retorno financeiro sobre esse capital, pensando sempre no seu futuro.

> A DIFERENÇA ENTRE UMA PESSOA BEM-SUCEDIDA E UMA MAL-SUCEDIDA NÃO É A FALTA DE CONHECIMENTO, E SIM A FALTA DE VONTADE.

Quando falo em aplicação financeira, você deverá estudar bastante esta matéria de modo a obter êxito nesse campo e não perder dinheiro em aventuras.

Como você pode perceber, buscar novo emprego não mais deve ser uma tarefa emocional. Ela deve ser racional e estrategicamente planejada. Não agir assim é contar com a sorte e rezar para que tudo dê certo. Assim, serão muitos os seus desafios daqui para a frente e *superar os* DESAFIOS *será a chave para o sucesso.*

1º desafio
ENTENDENDO A COLOCAÇÃO PROFISSIONAL

ANTES DE INICIARMOS A LEITURA e estipularmos os primeiros passos do planejamento para a busca da sua vaga, vamos definir o que seja *colocação* no mercado de trabalho, ou simplesmente colocação profissional, hoje em dia:

> *Colocação, como o próprio nome indica, é o processo de busca da primeira ou de uma nova oportunidade de emprego para um determinado profissional.*

Ou seja, um profissional colocado em determinada posição no mercado busca nova colocação, que também pode ser entendida como *recolocação*, mudando de empresa ou, se recém-formado, busca o seu primeiro emprego efetivo.

Não importa, para tanto, se ele está ou não ligado a alguma empresa no momento. O que importa é que tem uma *posição* e está, de alguma forma, disponível no mercado de trabalho. Seu histórico profissional irá condicionar suas possibilidades de colocação ou recolocação, tanto em termos do número de ofertas quanto em termos das características dessas ofertas.

Mas antes de você ir ao mercado de trabalho precisará

de algumas informações importantes, bem como tomar algumas providências de caráter pessoal. Elas devem servir como primeiro parâmetro para sua relação com o mercado no momento atual.

Para seu melhor entendimento, vamos enumerá-las:

1. A empresa busca aquele profissional que, mesmo não sendo necessariamente o melhor disponível no mercado, está mais identificado com a "cultura da empresa".
2. A seleção de novos profissionais está cada vez mais próxima dos que precisam deles diretamente. Cada vez mais o futuro chefe/superior quer participar, pessoalmente, da escolha do seu novo colaborador, definindo critérios, características desejáveis e mesmo elementos imprescindíveis para a avaliação do candidato: *perfil profissional.*
3. Essa nova forma de atuar corresponde a uma nova expectativa quanto à atuação dos profissionais. Cria novas exigências quanto ao *currículo,* quanto à experiência anterior e quanto ao tipo de relação que o profissional estabelece com os objetivos da empresa.
4. As empresas modernas buscam o novo profissional criativo, voltado para o futuro. Um profissional que altera conceitos antigos modifica sistemas e procedimentos.

Além dessas linhas gerais, cada área específica possui limites bastante definidos para encontrar novos profissionais. Você deve buscá-los de todas as formas possíveis: nas revistas e publicações especializadas, nos seus contatos profissionais, nos jornais, na internet etc.

Esse conhecimento do mercado será extremamente útil para a definição da forma com que buscará a sua vaga.

Agora pare e reflita:

- Se você é recém-formado, encontra-se plenamente preparado para participar de um processo seletivo?
- Você está bem preparado e atualizado como profissional?
- Se estiver empregado, até que ponto vai seu desejo ou necessidade de mudar de emprego? Quais os motivos que o levaram a tomar esta decisão?

- Se já se desligou da empresa, quais são suas necessidades profissionais hoje?
- Como você acha possível aplicar seu potencial, seus conhecimentos?
- Você se acha capaz de inovar, modificar, criar novos conceitos para a sua futura empresa?
- Você conhece seus talentos?
- Você consegue identificar as empresas onde seus talentos poderão ser úteis?

Você precisa ter em mente que, qualquer que seja o motivo de seu desligamento da última empresa ou o seu desejo de sair da atual, ou mesmo ainda se busca o primeiro emprego, você está no início de uma nova fase da sua carreira, na sua vida.

Entenda esta fase como uma oportunidade real de desenvolvimento pessoal e profissional, porque só assim poderá dizer que está realmente disponível para o mercado de trabalho.

Definições básicas

- Defina com clareza seus objetivos pessoais quanto a um novo emprego e avalie se você precisa de ajuda para atingi-los.
- Trate seu processo de colocação com profissionalismo.
- Sintonize-se com o mercado e as novas demandas das empresas.
- Entenda que cabe a você adaptar-se ao mercado, e não o contrário. Esse entendimento é estratégico.
- Pesquise o mercado e identifique empresas onde seus talentos serão úteis.
- Planeje seu futuro profissional. Aproveite a oportunidade para encaminhar melhor sua carreira.
- Evite concorrer a "qualquer" vaga. A frustração poderá ser grande.
- Procure empresas que estejam alinhadas com o novo tempo, onde ética, clareza de propósitos e objetivos sejam explícitos.
- Dê preferência àquelas que ofereçam participação nos lucros.

2º *desafio*

ESTOU DISPONÍVEL OU DESEMPREGADO?

"*Estou disponível para o mercado de trabalho*" soa muito melhor do que "estou desempregado", não?

Mas quais são as diferenças entre uma e outra posição?

À primeira vista, disponível para o mercado de trabalho é aquele profissional que, mesmo estando empregado numa determinada empresa, está à procura de nova colocação. É também o recém-formado no ensino de 2º e 3º graus que se habilita a concorrer a uma primeira vaga. Certo.

Mas também aquele profissional que, por um motivo qualquer, foi forçado a sair de uma empresa por ter sido demitido ou pedido demissão deveria considerar-se um profissional disponível para o mercado de trabalho, e não um "*pobre desempregado*". Afinal, se até ontem ele era útil de alguma forma, não será de uma hora para outra que seu lugar no mercado de trabalho irá desaparecer.

Por trás disso está, antes de tudo, a visão distorcida do que significa procurar uma colocação ou recolocação. Esta visão, aqui no Brasil, está muito ligada à idéia de desemprego por incompetência, ao mito do emprego permanente e ao hábito de "deixar tudo para a última hora".

Felizmente esse quadro está mudando. Em parte, pela influência de um mercado profissional cada vez mais competitivo e seletivo, que tem gerado oportunidades todos os dias para aqueles profissionais atentos aos novos rumos.

Em parte também pela disseminação de uma nova visão da relação trabalhador/empresa e, principalmente, pela compreensão cada vez maior de que nem sempre a permanência indefinida numa mesma empresa é o melhor negócio na vida de um profissional.

Não importa qual seja a situação: sua saída iminente ou não, consumada ou prestes a se consumar ou mesmo recém-formado, deve ser vista por você como um momento de sua trajetória profissional que precisa ser aproveitado, como todos os demais, da melhor forma: *buscando obter os melhores resultados*.

É fundamental manter a *auto-estima* sempre elevada, ter pensamentos sempre positivos, estar cercado de pessoas que ajam e pensem de forma positiva e deixar de lado o negativismo das dificuldades. O momento pelo qual passa nosso país, com um dos maiores índices de desemprego da sua história, poderá induzir-nos a pensar e agir de forma negativa diante do grande número de candidatos por vaga, mas a realidade será outra se você estiver bem preparado e, principalmente, ocupado em preservar sua auto-estima como antídoto aos possíveis dissabores nessa empreitada de busca por uma vaga no mercado de trabalho.

Assim, falaremos sobre a importância da auto-estima na sua vida pessoal e profissional.

3º desafio
MELHORANDO SUA AUTO-ESTIMA

UMA DAS FORMAS DE LEVANTAR o "astral" e ficar de bem com a vida é, inicialmente, ficar de bem consigo próprio.

Um dos meios para que isso ocorra é ter conhecimento da realidade que o cerca, deixando de lado os aspectos negativos.

Logicamente, essa não é uma tarefa simples, mas aumentar a estima por si próprio é fundamental nessa fase de busca de emprego ou nova colocação no mercado de trabalho. Daí a importância de conhecer o que é "auto-estima" e como desenvolvê-la para seu próprio bem, tanto pessoal como profissional.

Mas o que é auto-estima?

Auto-estima é a vivência de sermos apropriados à vida, sentindo-a e estando de bem com ela.

Mais especificamente, auto-estima é:

A confiança em nossa capacidade para pensar e enfrentar, com sucesso, os desafios da vida.

A confiança em nosso direito de ser feliz, a sensação de sermos merecedores, dignos, qualificados para expressar nossas necessidades e desejos, e desfrutar os resultados de nossos esforços.

A auto-estima é uma poderosa necessidade humana, que contribui de maneira essencial para o processo da vida, sendo indispensável para um desenvolvimento normal e saudável. Tem valor de sobrevivência.

A *auto-estima positiva* ou *alta* funciona como se, na realidade, fosse o "sistema imunológico" da consciência. Fornece resistência, força e capacidade de regeneração. Quando a *auto-estima é baixa* ou *negativa*, nossa resistência diante da vida e suas adversidades diminui. Ficamos aos pedaços diante de vicissitudes que uma percepção mais forte de si mesmo poderia superar. Nesse caso, tendemos a ser mais influenciados pelo desejo de evitar a dor do que de viver o prazer. Fatores negativos podem exercer sobre nós mais poderes do que os positivos.

A auto-estima fortalece, dá energia e *motivação*. Ela nos inspira a obter resultados e nos permite sentir prazer e satisfação diante de nossas realizações.

A auto-estima proclama-se como uma necessidade porque sua (relativa) ausência compromete nossa capacidade de funcionar. É por esse motivo que dizemos que ela tem valor de sobrevivência e, nestes novos tempos, mais do que nunca.

Atingimos um ponto na história em que a auto-estima, que sempre se mostrou como uma necessidade psicológica de suma importância, também se tornou uma necessidade econômica da maior relevância, atributo imperativo para a adaptação a um mundo cada vez mais complexo, desafiador e competitivo.

Auto-estima elevada busca o estímulo de metas desafiadoras. Atingir objetivos exigentes alimenta uma boa auto-estima. Quanto maior nossa auto-estima, mais desejosos de crescimento tendemos a ser, não necessariamente no sentido profissional ou financeiro, mas dentro daquilo que esperamos viver durante nossa existência nos âmbitos emocional, criativo e espiritual.

Assim, como um "sistema imunológico" saudável não é garantia de que a pessoa nunca ficará doente, mas a torna menos vulnerável a doenças e mais bem preparada para combatê-las, a auto-estima saudável também não é garantia de que a pessoa nunca sentirá *ansieda-*

de e *depressão* diante das dificuldades da vida, mas a torna menos suscetível e mais bem equipada para suportá-las, dar a volta por cima e superá-las. As pessoas com auto-estima elevada certamente podem ser derrubadas por um excesso de problemas, mas são rápidas em recuperar-se.

Com a auto-estima elevada é mais provável que consigamos persistir diante das dificuldades. Com a auto-estima baixa é mais provável que desistamos ou apenas façamos o que tem que ser feito sem dar, de fato, o melhor de nós. As pesquisas mostram que os indivíduos com auto-estima alta persistem nas tarefas um tempo significativamente maior do que os indivíduos com baixa auto-estima. Se perseverarmos, a probabilidade de obter mais sucessos do que fracassos é maior. Se não perseverarmos, a probabilidade de fracassar é muito maior do que sermos bem-sucedidos.

O valor da auto-estima não está apenas no fato de ela permitir que nos sintamos melhor, mas também permitir que vivamos melhor, respondendo aos desafios e às oportunidades de maneira mais rica e mais apropriada. Quanto mais sólida for nossa auto-estima, mais preparados estaremos para lidar com os problemas que surgirem em nossa vida pessoal e profissional. Mais rápido conseguiremos nos erguer depois de uma queda (como a perda do emprego) e mais energia teremos para recomeçar.

Reiterando, se não perseverarmos, a probabilidade de fracassar é muito maior do que sermos bem-sucedidos e, nessa tarefa da busca de uma colocação no mercado de trabalho, não podemos nos dar ao luxo de deixar que o desânimo tome conta das nossas ações.

Manter-se sempre em prontidão, aproveitar o tempo livre para praticar exercícios físicos ou para uma boa leitura, manter a estética pessoal são pequenas coisas que poderão ser feitas e que servirão de antídotos a qualquer sinal de desânimo quando, por exemplo, escuta-se um "não" ou "o seu perfil profissional não é adequado à nossa empresa".

Não entre em depressão. Aprenda a lidar com o "não" na sua vida.
Goste mais de você!

O doutor Lair Ribeiro, em seu livro *O sucesso não ocorre por acaso*, diz: "A auto-estima é fundamental para a conquista do sucesso. Se você não gosta de você, como vai convencer os outros a gostar? Não adianta cobrir-se de ouro, usar roupas lindas, se a auto-estima estiver baixa. O problema é que o modo como fomos criados nos leva a não gostar de nós mesmos. Nossa estrutura nos torna autocríticos demais".

Em uma pesquisa com crianças entre 3 e 4 anos nos Estados Unidos, os cientistas colocaram um microfone atrás de suas orelhas e gravaram o que ouviram durante 24 horas. A partir dos dados obtidos concluiu-se que, desde que nasce até completar 8 anos, uma criança recebe aproximadamente 100 mil nãos. "Não faça isto!", "Não faça aquilo!", "Não ponha a mão aqui!", "Não risque isto!", "Não, não e não!" Os cientistas concluíram também que, para cada elogio, a criança recebia nove repreensões.

O que acontece, então, com nosso cérebro diante de tantas negativas? Vai criando limitações, para que possamos nos sentir aceitos pelos nossos pais e pelas outras pessoas. E o gênio de cada criança vai desaparecendo. Esse fato vai se perpetuando através das gerações. Como mudar?

Comunique-se positivamente consigo mesmo. Deixe as experiências e mensagens positivas irem substituindo as negativas em sua auto-estima.

Nosso cérebro é condicionado à conversa negativa. Por isso tendemos a enfocar mais o que "não" queremos do que o que desejamos.

Por exemplo, em vez de dizer a mim mesmo "Eu quero ter sucesso", eu digo "Eu *não* quero falhar" ou, em vez de dizer "Eu quero ser magro", eu digo "Eu *não* quero ser gordo". O subconsciente é muito direto e sempre pega o atalho. Vamos experimentar um exemplo com você mesmo: antes de continuar lendo, levante sua mão direita. Agora. Levantou? Se você estivesse hipnotizado, você levantaria somente a mão e não a mão e o antebraço, como você provavelmente fez. O inconsciente vai direto ao assunto. O assunto de uma frase negativa não é o "não". Então ele omite os "nãos". Por exemplo, *não pense* na cor vermelha. *Não pense* numa maçã! Como você percebeu, já é muito tarde. Mesmo sublinhando o "não pense", você certamente pensou no vermelho e na maçã. Talvez, até mesmo, numa maçã vermelha. O mesmo acontece quando você diz "Eu *não quero* falhar". O subconsciente registrará "falhar" e você, sem perceber, estará fazendo tudo para falhar.

"Mudando a autocomunicação podemos mudar a representação interna e, portanto, o estado emocional em que nos encontramos."*

PORTANTO, *seja positivo e mantenha sua auto-imagem!*

- Quando disponível, entenda que isso é natural e combata rigorosamente a autocomiseração. Se recém-formado, sua inexperiência pode ser substituída por sua juventude.
- O fato de não servir mais a uma empresa não quer dizer que você seja incompetente. A mudança na carreira é sempre preferível à manutenção de um emprego que já não traz realização.
- Encare a mudança como oportunidade de melhoria de sua qualidade de vida.

---

* Trecho extraído do livro *O sucesso não ocorre por acaso: é simples, mas não é fácil*, de Lair Ribeiro. Rio de Janeiro, Objetiva, 1993, nova edição revista e ampliada.

4º desafio
CUIDADO COM A DEPRESSÃO

PARA AQUELE QUE APÓS ALGUMAS TENTATIVAS e alguns fracassos na busca de uma colocação profissional e mesmo para aquele que perdeu o emprego e que vê os dias passarem, os "amigos" desaparecerem, as contas chegarem, as dificuldades de crédito aumentarem dia a dia, repercutindo diretamente no sustento e na manutenção da família, alguns sinais de depressão poderão surgir.

Evitar a depressão é um grande desafio! Com o objetivo de que ela não venha atrapalhar seu planejamento na busca de um emprego, vamos a algumas informações sobre esse tema.

Vou tentar não ferir nenhuma ética médica e analisar a depressão sob o ponto de vista do comprometimento da sua vida profissional.

Mas o que é a depressão?

A depressão é uma doença que afeta o *bem-estar físico*, provocando cansaço, alterações no sono, mudanças no apetite e o *bem-estar mental*, alterando o ânimo, o pensamento e o comportamento.

A depressão afeta o funcionamento global da pessoa, constituindo um problema sério que compromete a vida pessoal e profissional, e precisa ser diagnosticada e tratada adequadamente.

A depressão é uma doença freqüente que atinge uma a cada cinco mulheres e um a cada dez homens (segundo estatísticas médicas) e pode aparecer em qualquer fase da vida.

Quais são os sintomas da depressão?

Os sintomas da depressão variam de uma pessoa para outra e sua intensidade depende da sua gravidade. A presença dos sintomas abaixo indica a necessidade de procurar ajuda profissional:

- Estado de ânimo persistentemente triste, ansiedade ou sensação de vazio;
- Pensamentos de culpa ou inutilidade;
- Auto-estima baixa, pensamentos pessimistas ou sentimento de desesperança;
- Falta de interesse ou de prazer em atividades anteriormente satisfatórias, incluindo atividade sexual;
- Alterações no sono;
- Dificuldade de concentração, perda de memória e incapacidade para tomar decisões;
- Perda de energia, fadiga, abatimento, inquietação, irritabilidade;
- Perda ou aumento de apetite ou de peso;
- Pensamentos de morte, idéias ou comportamentos suicidas;
- Sintomas físicos como dor de cabeça, problemas digestivos e dores crônicas que não respondem a tratamentos específicos.

Quais as principais causas da depressão?

Não existe uma única causa para a depressão. Em algumas famílias ela aparece em vários membros e por isso se fala em hereditariedade ou "vulnerabilidade biológica". Foi comprovada a existência de alterações em substâncias químicas presentes no cérebro, chamadas de neurotransmissores, que influem no estado de ânimo.

Determinados aspectos de personalidade como auto-estima

baixa, pouca tolerância ao estresse e fatores sociais, tais como uma perda significativa, uma doença crônica ou dolorosa ou que cause deficiência, uma ruptura sentimental, problemas financeiros, *perda do emprego* ou dificuldade para conseguir um novo emprego ou até mudanças bruscas no estilo de vida também podem facilitar o surgimento da depressão.

O que fazer?

É importante que você procure um médico e que ele saiba seus sintomas, que serão importantes para o conhecimento e o tratamento da depressão. Hoje em dia existem medicamentos e psicoterapias úteis para tratar o paciente deprimido.

Além disso, você poderá ajudar a si próprio deixando de lado a sensação de inutilidade, desesperança e desamparo.

Tente identificar seus esquemas de pensamentos disfuncionais e seus comportamentos prejudiciais, trocando-os por outros, mais positivos e realistas. A visão negativa das coisas não representa a realidade da situação, mas sim uma conseqüência ou sintoma da sua depressão, e que influi decisivamente no seu ânimo para buscar seu emprego.

Se, de alguma forma, você está encontrando dificuldades para conseguir aquela sua vaga no mercado de trabalho e isto lhe traz insatisfação, sensação de inutilidade, crença de que os outros candidatos estão mais preparados, altere seus pensamentos e passe a raciocinar em termos de planejamento, estratégias de abordagem do mercado. Com certeza, suas chances crescerão bastante.

Então, pense positivamente e planeje sua entrada ou retorno ao mercado de trabalho com competência. USE SUA INTUIÇÃO!

5º desafio

PLANEJANDO SUA COLOCAÇÃO PROFISSIONAL

PLANEJAR SUA COLOCAÇÃO em um mercado de trabalho tão competitivo é fundamental. Com planejamento criterioso, perseverança e motivação, suas chances serão consideráveis.

Quais são as primeiras providências que devo tomar para conseguir uma posição no mercado de trabalho?

1. Se você acabou de se formar, procure o CIEE (Centro de Integração Empresa Escola) da sua entidade de ensino.

2. Discuta com os representantes do CIEE quais são as possibilidades de estágio ou vagas existentes. Busque o máximo de informações sobre as empresas que oferecem essas oportunidades.

3. Se você está empregado e sua saída está sendo programada, se for possível, antes de qualquer coisa, discuta com a empresa a possibilidade de planejar o desligamento. Isso só será possível se você tiver informações prévias sobre sua demissão e se a empresa for permeável a esse tipo de diálogo.

4. Se for você o interessado em sair da empresa, certifi-

que-se de não estar negligenciando suas obrigações. Uma imagem final ruim poderá comprometer tudo aquilo que você construiu na empresa até então, além de poder interferir numa nova colocação com conseqüências no seu futuro profissional. *Lembre-se: enquanto você estiver no jogo, jogue conforme as regras.*

5. Se você for continuar trabalhando e, simultaneamente, procurar uma recolocação, será necessário se programar racionalmente, utilizando seu tempo livre, horário de almoço e as noites. Todos esses períodos devem ser usados para desenvolver as atividades que serão necessárias para a busca da nova colocação.

6. Se você já estiver desligado da empresa, isso significa que pode dispor de mais tempo para trabalhar sua recolocação.

7. Em qualquer dos casos, é importante iniciar ou recuperar sua rede de contatos profissionais, em especial aqueles diretamente ligados à sua área de ação profissional. Eles são importantes fontes de informação sobre o mercado, seja sobre vagas propriamente, seja sobre as tendências e exigências do seu segmento hoje em dia.

8. Se sua área possui uma característica técnica mais evidente, procure imediatamente sua atualização lendo publicações específicas e dirigidas.

9. É importante usar seu tempo para ler um bom livro. Aquele que todo mundo já leu, mas que você até hoje não teve tempo. Vale a pena ler livros técnicos que digam respeito a seu ramo de atividade.

10. É fundamental definir suas estratégias para abordar o mercado de trabalho, mas, seja qual for essa abordagem, você terá que obrigatoriamente: atualizar seu *currículo*, preparar sua *carta de apresentação*, atualizar sua lista de *referências pessoais*, editar seus *cartões pessoais*, atualizar seus documentos pessoais, requisitar seu *diploma e histórico* escolar em sua escola, tirar *fotografia*, entre outras providências.

11. Providencie, se possível, sua filiação a um provedor de internet e obtenha seu endereço eletrônico, o e-mail. Ele lhe será muito útil em todo o processo que você terá pela frente.

Essas providências são bem simples e vão ajudá-lo muito!

Use seu tempo livre de modo produtivo. Procure desenvolver uma rotina de atividades de reciclagem, de organização (quanto tempo faz que você não coloca suas coisas em ordem?), de atualização e de *motivação*.

Não desenvolva um comportamento apático, negativista ou ansioso demais. Mantenha sua auto-estima elevada.

O mais importante é manter-se em atividade (principalmente se você já se desligou da empresa) e continuar agindo de modo positivo.

Não se transforme num "desempregado de pijama", que passa o dia todo se arrastando pela casa e se lamentando.

Faça desse período de transição um período de mudança que pode até incluir um pouco de exercício (você não estava precisando caminhar um pouco?) e mesmo de atividades paralelas. *Vale tudo!*

Separe parte de seu tempo para leitura de jornais, principalmente os classificados. Mais do que uma fonte de oportunidades, os jornais e os classificados fornecem inúmeras de informações sobre o mercado de trabalho.

Os jornais especializados em *concursos* são outra fonte importante para pesquisa, pois deixam claro o *perfil* esperado do candidato, bem como os conhecimentos técnicos e específicos para cada cargo.

Invista parte do seu tempo em pesquisar oportunidades de emprego pela internet. Boa parte das empresas busca novos colaboradores por essa rede mundial.

Invista seu tempo em estudos fundamentais para sua carreira profissional. Lógico que informática e idiomas são importantes, mas tão ou mais importante é sua alfabetização em finanças,* para que você possa ser gestor dos seus próprios negócios. Ou você vai querer ficar a vida inteira fazendo a mesma coisa todos os dias?

---

* Essa é uma posição adotada pelo empresário e escritor Robert Kiyosaki em seu livro *Pai rico, pai pobre*.

6º *desafio*

DEFININDO SEU PERFIL PROFISSIONAL

Mas o que é perfil profissional?

Perfil profissional diz respeito às características físicas, pessoais, intelectuais, técnicas, atribuídas a um determinado cargo ou função a ser exercida em uma empresa, acrescida da experiência profissional necessária para o efetivo exercício dessa função.

E, hoje em dia, quais são as principais dificuldades para estar o mais próximo possível do perfil esperado pelas organizações e conseguir a colocação almejada?

Pesquisando várias empresas, candidatos recém-formados e candidatos que buscavam nova colocação, com mais de seis meses *tentando* o primeiro emprego ou uma recolocação, cheguei a algumas conclusões referentes ao perfil de candidatos:

A restrição da idade — A primeira conclusão, por mais odiosa que possa ser, é real: a idade diminui suas chances. Ou seja, na visão de vários selecionadores, *se* você tem mais de 40 anos, *então*, apesar da experiência, deve possuir vícios profissionais que poderão ser negativos para a empresa.

Por outro lado, se você tem menos de 23 anos, *então* tem pouca experiência para conseguir sua vaga no mercado de trabalho.

A *falta de experiência* — Outra conclusão importante é que os selecionadores buscam um candidato com experiência. As empresas hoje *não têm tempo* para formar e preparar aquele que está sendo contratado.

Em síntese: a empresa que desenvolve suas atividades neste mercado cada vez mais competitivo busca uma pessoa *pronta* para chegar e assumir, em sua plenitude, a vaga aberta. De preferência *jovem*, com *experiência profissional*, com noções ou domínio do *idioma inglês*, domínio dos *principais aplicativos de computação* e *bom relacionamento interpessoal*, ou seja, um profissional que saiba *trabalhar em grupo* e que exerça *liderança positiva* na equipe de trabalho.

Este é o perfil ideal que a empresa moderna busca em seus candidatos, algumas vivendo ainda a fase da Revolução Industrial, outras já vivendo a Era da Informação, trabalhando com alta tecnologia.

Partindo destas constatações, se você é recém-formado ou mesmo aquele que, por qualquer circunstância, perdeu o emprego, não perca tempo!

Se você tem mais de 40 anos, não desanime! A chave é pesquisar com muito critério e rigor em que empresas seu perfil se enquadraria. Se você já identificou seu talento, em qual empresa ele seria útil?

Você não pode mais buscar a qualquer custo sua *vaga* no mercado de trabalho. Deve sim *planejar* seu primeiro emprego ou sua nova colocação tendo por base o perfil acima descrito e moldar o seu àquele esperado pelas empresas.

Para tanto, serão necessários alguns ingredientes: *perseverança, auto-estima, determinação, força de vontade, disciplina, motivação* e *investimento em si próprio*.

Será preciso ter em mente que o desafio da busca do primeiro emprego ou do retorno ao mercado de trabalho, após um período desempregado, poderá ser simplificado caso você esteja preparado e invista tempo e estudo em você mesmo. Este desafio poderá ser do tamanho da sua determinação, portanto, vamos sonhar alto.

Essa busca necessitará ainda de conhecimento das técnicas utilizadas em *processos seletivos* de candidatos, como também trabalhar a auto-estima e confiança em si mesmo.

Lembre-se, você possui a fonte da sabedoria e também toda a energia necessária para conquistar seus objetivos.

Todos sabemos das grandes dificuldades para conseguir um emprego nos dias de hoje, mas em nenhuma outra época houve tantas novas portas de sabedoria disponíveis para ser abertas e estudadas. A internet é um grande exemplo.

Este guia lhe apontará as pedras do caminho, e com auto-estima positiva e confiança, você chegará mais rápido a seu objetivo: *o emprego*.

Não se esqueça de que o *conhecimento e o domínio de um idioma*, de preferência o inglês, e o *domínio dos principais aplicativos de informática* são essenciais e fundamentais.

Hoje em dia, dependendo do cargo pretendido, o perfil dos candidatos exige esses conhecimentos. Portanto, caso não os tenha, matricule-se com urgência em um curso de idiomas e em um curso de informática. Estes investimentos valerão a pena para seu futuro. Não se esqueça de um curso de matemática financeira.

Lembre-se: o bom profissional está sempre pronto para atender às necessidades do mercado, portanto,

PREPARE-SE! MANTENHA O PIQUE! MANTENHA-SE MOTIVADO!

7º desafio
VENDENDO SUA IMAGEM

Você às vezes se pergunta por que algumas pessoas, apesar de muito competentes, não se destacam no seu meio profissional?

A resposta costuma ser simples. É que algumas pessoas sabem que não basta mostrar competência, é preciso também "vender" sua imagem.

De novo, devemos lembrar o seguinte: *não basta que você seja bom, é preciso que muitas pessoas saibam que você é bom.*

Divulgar sua imagem é fazer o *marketing pessoal*. Quem não é visto raramente é lembrado. Mas não basta ser visto, é preciso que as pessoas gravem a sua imagem na memória de maneira simpática, agradável e duradoura.

Lembre-se: VOCÊ É SEU PRODUTO!

Senão, vejamos: você tem algo a oferecer: seu *talento*, sua *experiência*, seu *conhecimento*.

Talento é sua vocação para determinada ocupação ou função. Algumas pessoas nascem com isso enquanto outras o desenvolvem durante a vida. A primeira coisa a fazer é respeitar seu talento e seguir a carreira profissional para a qual você tem vocação.

Somente assim você estará se realizado e somente assim conseguirá ser feliz profissionalmente.

Experiência é adquirida efetuando trabalhos e aprendendo sempre com cada etapa da execução. Aperfeiçoamento e desenvolvimento profissional são atitudes positivas na direção da experiência. Faça sempre o melhor que puder em tudo.

Planeje corretamente, estude situações e prepare-se para novas oportunidades.

Conhecimento é a soma das experiências que você adquire ao longo dos trabalhos para os quais tem talento.

Para aprimorar seu conhecimento, você deve manter uma atitude de esforço contínuo e se aperfeiçoar a cada momento. Estude, pesquise, interesse-se e avance.

O sucesso de sua carreira depende de como você lida com esse produto: você. Depende também de como cuida da "embalagem", ou seja, da sua apresentação. É aí que entra o diferencial de quem tem sucesso: *a habilidade de relacionamento.*

Uma das formas de você ser contratado por uma empresa, além de enviar seu currículo e participar de todo o processo seletivo, é fazer-se conhecido por executivos ou pelos proprietários de empresas e, conseqüentemente, ser bem visto por eles.

Mas como fazer isso?

Participe socialmente

Encontre pessoas! Converse com elas! Faça contatos onde quer que vá e seja lá o que estiver fazendo. Todas as pessoas são ou um dia serão importantes. Trate todos com educação e urbanidade. Esqueça a timidez, ela não pode ser uma desculpa para não se relacionar.

Aproveite as oportunidades

A sabedoria popular diz: "Quem espera sempre alcança". Mas a mesma sabedoria popular afirma: "Quem espera se desespera".

Há tempo para tudo, mas agir é sempre melhor que esperar as coisas acontecerem. Pois o sucesso é o resultado de identificar e aproveitar oportunidades, e não somente o resultado de sorte. Se você não agir, se não anunciar o produto que você é, como as pessoas vão conhecê-lo? Planeje e aja conforme a situação.

No mercado profissional não basta sobreviver. É preciso se destacar, e isso requer autoconfiança e trabalho.

Faça seu comercial

O primeiro trabalho é certamente definir uma espécie de "comercial" de você mesmo. Um pequeno resumo que você pode passar para as pessoas, informalmente, numa conversa. Pense que está fazendo um pequeno comercial sobre si mesmo, com ênfase em seus pontos fortes. Ensaie, pensando em como as pessoas receberiam seu comercial, para não cometer erros que causem uma impressão desagradável sobre você.

Prepare-se

Se você está indo para um congresso, uma reunião ou mesmo para um encontro mais informal, procure saber quem vai estar lá. É uma forma de preparar o discurso (comercial) que vai praticar.

- Leve sempre seus cartões de visita. É desagradável ter que dar desculpas ao receber o cartão de uma pessoa que você acaba de conhecer e não ter o seu para entregar.
- Pratique seu aperto de mão. Deve ser firme sem ser agressivo. Olhe nos olhos da pessoa enquanto a cumprimenta, sorria e ouça.
- Pratique expressões polidas, como: "Por favor", "Obrigado" e "Com licença".
- Está sem assunto? Leia jornais, acompanhe o noticiário da televisão.

Dedique tempo a você

Sempre que puder, participe de reuniões, encontros informais, passeios com os colegas do clube ou da sua comunidade.

Pratique esportes coletivos, porque, além de ajudar você a manter a saúde, também oferecem importantes oportunidades de promover sua imagem.

Seja participativo. Claro que isso requer tempo, mas fazer marketing pessoal envolve dedicação de tempo.

Promova-se

Ponha a modéstia à parte e fale dos projetos que você está desenvolvendo, das conquistas que já obteve. Se tiver talento para escrever, escreva artigos para jornais. Prepare sua homepage na internet e divulgue seus artigos, seus estudos, trabalhos acadêmicos, seu currículo. *Apareça!*

Vista-se bem

Bom senso é uma qualidade na apresentação pessoal. Cuide de sua aparência. A pessoa elegante é bem vista e bem lembrada.

Todas as etapas que envolvem um processo de contratação são de extrema relevância, mas nenhuma delas é mais importante que a entrevista.

Com algumas recomendações, você estará preparado para fazer uma boa apresentação de si mesmo para a empresa que o estiver avaliando como potencial colaborador.

Participando, você fatalmente receberá convites para entrevistas e processos seletivos.

Portanto, *mantenha seu currículo atualizado, preparado e pronto para distribuição!*

8º desafio

PLANEJANDO E ELABORANDO SEU CURRÍCULO

O *CURRÍCULO* É O REGISTRO DE TODA SUA HISTÓRIA e experiência profissional. É a sua propaganda por escrito e como tal não pode ser apenas um pedaço de papel frio. Preparar seu currículo é uma das primeiras providências que você deverá tomar.

O currículo deve ser elaborado para destacar suas habilidades e realizações de maneira elegante e agradável. O currículo deve se constituir numa mensagem breve e objetiva.

Normalmente o currículo chega a seu potencial empregador antes de você, portanto, quanto melhor a impressão que causar a seu respeito, mais oportunidades poderá propiciar.

Um currículo bem elaborado desperta interesse em seu selecionador e um currículo mal elaborado é deixado de lado ou jogado no *lixo*.

Antigamente, destacar-se pelo currículo era usar papel especial, arrumar o texto em blocos agrupados e densos, com informações que começavam com seu curso de primeiro grau, incluíam seus hobbies prediletos, estado de saúde e situação matrimonial.

ESQUEÇA ESSE TIPO DE CURRÍCULO!

Hoje mudou o mercado de trabalho, e mudaram os currículos. Se você busca uma vaga, seja ela qual for, o que o currículo deve fazer é evidenciar suas habilidades, conquistas e experiência, e é nisso que você vai se distinguir de uma multidão de outros candidatos. *Você deve apresentar um currículo moderno e, por si só, eficiente.*

Um currículo bem elaborado apresenta um resumo breve, objetivo e conciso, mas ao mesmo tempo claro, abrangente e verdadeiro sobre sua experiência passada. Deve ser cuidadosamente atualizado, muito bem e corretamente escrito e adequadamente formatado.

Um currículo bem elaborado faz você se destacar em uma pilha de outros currículos e chama a atenção de quem o lê, fazendo aumentar suas chances de conseguir a *entrevista de emprego*.

Cuide bem de seu currículo, pois ele o ajudará a alcançar entrevistas que são a primeira parte do caminho para conseguir um novo emprego.

Melhorando a eficiência de seu currículo

Para quem está empregado, o currículo é importante porque pode ser solicitado para apoiar um processo de promoção, para um convite a novo emprego, para mostrar a clientes e fornecedores.

Seu currículo deve ser eficiente e você nunca deverá se descuidar dele, caso queira causar uma impressão positiva.

A eficiência do currículo se resume à tarefa de ressaltar seus principais resultados e promoções obtidos ao longo da carreira.

Lembre-se de que os selecionadores recebem muitos currículos por dia e não costumam, até porque nem podem, gastar muito tempo para ler todos eles.

Por isso, o texto do currículo deve ser claro e de fácil leitura. É fundamental que as informações fiquem organizadas de maneira a ser encontradas em uma rápida leitura.

O currículo abre as portas para entrevistas

Seu currículo deve servir para despertar o interesse do selecionador em convidá-lo para uma *entrevista*. É na entrevista que você terá mais tempo de detalhar demoradamente sua história profissional.

Assim, você deverá enfocar apenas o que realmente pode contar pontos na hora da seleção.

Se um candidato ao emprego foi promovido muitas vezes, esse detalhe deve ser enfatizado. As promoções que obteve são as melhores referências.

Caso busque o primeiro emprego, destacar trabalhos acadêmicos, pesquisas realizadas, trabalhos publicados, mesmo que internamente na sua escola ou universidade, também conta pontos. Isto porque muitas empresas que possuem planos de acesso e carreira realizam as movimentações internas e geram vagas a partir de estagiários e estagiários *trainees*. Portanto, você, recém-formado, tem muita chance de conseguir uma vaga em grandes companhias.

Funções básicas do currículo

O currículo, portanto, tem duas funções básicas:
- É uma ferramenta para gerar *entrevistas de emprego*;
- Serve de *guia* para seus selecionadores e entrevistadores.

Portanto, facilite a vida do entrevistador. Procure responder no currículo às perguntas para as quais eles querem respostas.

E o que, afinal, os entrevistadores querem saber de um candidato a emprego?

O que você quer? — Para responder a esta pergunta, seu currículo deve comunicar, clara e especificamente, quais são seus objetivos. Coloque um sumário sucinto de suas expectativas.

Exemplo:
- Cargo gerencial em indústria têxtil (estilo mais aberto);
- Diretor/gerente de área industrial (estilo mais específico);
- Estagiário de direito (estilo direto);
- Gráfico de off-set (estilo direto).

Por que você quer? — Mostre por que você considera merecer o cargo a que está pretendendo. Seu currículo deve enfocar esse objetivo. Aqueles itens de sua carreira que não ajudam a justificar o foco central do currículo devem ser menos enfatizados ou não incluídos.

Por exemplo, se seu objetivo é ser diretor industrial e você trabalhou durante um ano para um empregador em vendas de produtos de consumo, essa experiência deve ter menção mínima ou não constar no seu currículo.

Em que você contribuiu? — Destaque as atividades que você desempenhou em cada emprego e resultaram em retorno para a empresa, seja institucional, financeiro ou de relacionamento de mercado.

O potencial empregador quer saber, logo à primeira vista, se você será um empregado que trará resultados para a empresa ou se apenas cumprirá seu papel.

Caso não tenha experiência alguma, não procure inventar, pois toda vaga tem um perfil e o selecionador sabe que o recém-formado, quase sempre, não possui experiência, e o objetivo da contratação é dotá-lo de experiência específica para a empresa contratante. Neste caso, enfatize no seu currículo os cursos extracurriculares realizados, incluindo os de idiomas e de informática.

Lembre-se: dependendo do perfil da vaga, possuir conhecimentos de informática e falar um idioma são determinantes para gerar entrevistas de seleção.

Organizando seu currículo

Um currículo bem organizado, com seqüência lógica, mostra sua habilidade de organizar atividades e tarefas, e o fato de saber o que quer mostra ambição e vontade de atingir esses objetivos.

Usar frases curtas é uma maneira eficiente de demonstrar objetividade e concisão. Utilize o mínimo de palavras. Evite advérbios subjetivos, como *extremamente, fortemente* e outros.

Inicie frases com verbos de ação, como *construí, reduzi, aumentei, implantei, administrei, supervisionei, melhorei, expandi, organizei, treinei, encontrei, descobri, planejei* etc. Mas, ao mesmo tempo que os verbos podem vir na primeira pessoa, evite usar o pronome pessoal EU — ele transmite a impressão de falta de modéstia quando usado em demasia.

Ao redigir, tente criar uma visão moderna, positiva, determinada e direcionada a realizações.

O currículo deve falar bem de você, claro que com base na verdade. Por isso enfatize os pontos positivos.

Ninguém quer ler informações tristes ou saber se você está passando por um processo *depressivo*. Destaque os pontos marcantes em primeiro lugar e deixe os aspectos menos relevantes para o final.

Atinja o entrevistador com um impacto positivo logo no início da leitura.

Preparando seu currículo

Um currículo bem preparado e organizado, de saída, causará boa impressão. Assim, ele deverá possuir, no máximo, duas páginas. Um currículo de três páginas é hoje em dia considerado extenso.

Se você for um executivo jovem, que ainda não acumulou muitos empregos, tente montar seu currículo em uma só página.

PRIMEIRA PÁGINA

- *Identificação* — Logo no início da primeira página coloque seu nome, seu endereço, números de telefone, idade e sua graduação escolar.
- *Interesse* — Em seguida, coloque a vaga ou o cargo de seu interesse, que não deve ultrapassar uma linha. Por exemplo:
"Engenheiro Civil"
- *Objetivo* — Descreva de forma sucinta quais são seus objetivos profissionais, seu interesse profissional.
- *Perfil educacional* — Neste ponto você deve informar sua formação escolar. Não há outro lugar melhor para colocar essas informações. Como os currículos são lidos rapidamente, você pode perder uma oportunidade se o selecionador pensar que você esqueceu de colocar essas informações.

 Comece com as datas de início e término do seu curso de nível médio ou superior, que o prepara ou preparou profissionalmente. Destaque o nome da escola e os méritos que, porventura, tenha recebido. Mencione os motivos.

 É aqui que você deve detalhar os principais cursos, treinamentos e programas extracurriculares que realizou.
- *Perfil profissional* — Caso as tenha, mencione sumariamente um resumo de suas qualificações.

 Alguns exemplos:

"Economista com pós-graduação em marketing e dez anos de experiência em planejamento de mídia e estudo de mercado".

"Torneiro-mecânico com escola Senai e três anos de prática profissional em indústria automobilística".

"Bacharel em Direito formado por universidade 'A' com 2 anos de experiência estagiando em grandes empresas".

Ao colocar datas de títulos no currículo, certifique-se de incluir as datas de início e final de cada curso do lado *esquerdo* da página.

Ao colocar a relação de seus empregos anteriores, neste sumário de qualificações, certifique-se de incluir as datas de entrada e saída de cada emprego do lado *direito* da página, depois do nome de cada empresa.

Lembrete: não separe os cargos com textos, pois perdem o impacto do número e da seqüência.

SEGUNDA PÁGINA

- *Evolução profissional* — Faça uma relação de resultados obtidos em cada empresa, sempre de maneira sucinta. Evite analisar, apenas informe.

   Se foi promovido muitas vezes, enfatize isso e com brevidade.

   As promoções que obteve são as melhores referências, pois denotam que você foi um colaborador excelente. Transmitem que você foi um bom profissional e executou bem suas funções, por isso foi promovido.

   Enfatize suas promoções. Para registro de um emprego em que você obteve promoções, certifique-se de incluir a data de início na nova função e a data de saída no lado esquerdo da página.

- *Idiomas* — Poderá parecer repetitivo, mas não é. Apesar de você já ter informado que possui um determinado curso de idiomas, enfatize aqui em que nível você se encontra.

   Exemplo:

   "Idiomas — *Cursando inglês,* estágio *intermediário*"

   Encerre seu currículo informando se você tem disponibilidade para mudar de cidade ou para viagens.

Assine seu currículo!
Veja um exemplo de currículo no Apêndice.

O que não usar em seu currículo

- *Cores* — O currículo deve ser agradável à leitura e, portanto, discreto. No máximo, utilize para imprimir um papel em tom pastel, claro, ou mesmo branco, mas nada além disso.

  Como destacar informações? Use recursos como o *negrito* e o *itálico* do seu processador de texto e evite variar tipos de fonte para não transformar o currículo numa salada gráfica, que incomodará a quem o ler. Caso deseje usar cores, seu nome, e-mail, telefone, objetivo poderão ser grafados em tom *azul-escuro*.

- *Listas extensas de qualquer natureza* — Se sua relação de empregos é muito grande, selecione apenas os últimos cinco empregos. E mencione no sumário de qualificações (Perfil Profissional) que tem mais experiência do que está relatando.

  Em alguns casos, é importante colocar todas as informações, como nos currículos de cientistas ou médicos, para cujos empregadores os artigos publicados são importantes, assim como o detalhamento dos congressos dos quais o profissional participou. Mas, de maneira geral, essas informações só entediam quem lê o currículo.

- *RG, CIC e outros números de documentos* — Não perca tempo inserindo número do CIC ou do Título de Eleitor, ou mesmo da Carteira Profissional. Se alguém tiver interesse nesses documentos, será o Departamento de Pessoal no momento em que for efetivar sua contratação. Nunca antes.

- *Razões pelas quais deixou o emprego anterior* — Esta informação é importante para o empregador, mas deve ser discutida no momento certo. E o momento certo é durante a entrevista pessoal.

- *Referências* — A lista de referências deve ser impressa à parte, e você deve tê-la à mão para apresentá-la ao entrevistador no momento em que for solicitado a fazer isto.

- *Raça, religião e filiação partidária* — Ninguém tem interesse em conhecer suas convicções, seja para benefício, seja para prejuízo de sua carreira. Ao contrário, colocando essas informações, pode parecer que é você quem tem preconceito com relação a esses itens.

- *Salário anterior e pretensão salarial* — Salário, por experiência, é um tema para ser discutido pessoalmente, na entrevista, e não para estar no currículo. Quando o anúncio pede, pode-se escrever algo como "Aceito discutir propostas" ou "Estou aberto a discutir a questão salarial".

Formato e aparência do seu currículo

Antes de digitar o modelo final, revise-o com duas ou três pessoas para checar as informações e verificar a correção ortográfica. Erros gramaticais, ortográficos ou de concordância comprometem seriamente o currículo de qualquer pessoa. Não tenha vergonha de pedir ajuda.

Graficamente, seu currículo precisa ser atraente. Lembre-se de que ele é a propaganda do produto mais importante do mundo: *você!*

Deixe margens largas e muitos espaços em branco. Não faça a composição gráfica com letras muito pequenas, porque há pessoas que enxergam mal. Portanto, respeite-as para seu próprio bem.

Procure não variar a fonte das letras, mas aproveite os recursos de sublinhar, colocar em **negrito** ou em *itálico*, e até o uso de letras MAIÚSCULAS para enfatizar.

A impressão deve ser feita em impressoras a laser ou a jato de tinta, porque o resultado gráfico é bonito e muito limpo.

Para a reprodução de quantidades maiores, sugerimos o processo off-set em papel de boa qualidade, branco ou em tom pastel-claro, como já foi mencionado.

Inclua fotografia se considerar que sua aparência pessoal é boa e pode ajudar a causar boa impressão.

Prefira o tamanho 5 x 5 cm. Deve ser uma ótima fotografia, nítida, em que você esteja sorridente e inspire confiança. A fotografia diferenciará imediatamente seu currículo dos outros e o tornará mais pessoal. Você poderá colar uma fotografia em cada currículo ou, se usar serviços de uma gráfica, preparar um fotolito. Poderá ainda, através de um scanner, "colar" sua fotografia diretamente no currículo, imprimindo-a na primeira página ao lado *direito* do item Identificação.

Distribuindo seu currículo

Atualmente, boa parte dos empregos é conseguida por intermédio de amigos e conhecidos. Por isso quem está desempregado ou pretende mudar de emprego deve comunicar esse fato às pessoas que podem ajudá-lo. Elas podem levar seu currículo às empresas nas quais estão trabalhando, bem como fazer uma boa propaganda das suas qualificações profissionais e pessoais. Portanto, *use seu marketing pessoal.*

Outros canais de distribuição do currículo são consultorias, agências de emprego e internet.

Faça uma boa pesquisa e elabore uma lista das empresas que interessam e vá diretamente a elas ou procure em índices especializados. Muitas empresas ainda fazem uso de fichas de recrutamento.

Não se esqueça: faça uma relação de empresas nas quais você teria chances por sua qualificação e experiência. Evite gastar tempo e recursos a esmo.

Pesquisando oportunidades de emprego pela internet

Se você acessa a internet, a primeira coisa a fazer é deixar o currículo pronto e à mão para preencher as *fichas virtuais* que vai encontrar nos sites de headhunters (caçadores de talentos) e nas homepages das empresas.

Faça uma lista de empresas que interessam e comece a procurá-las na internet. A maneira mais simples e ágil de consulta é pesquisando através dos vários mecanismos de busca existentes.

Você encontrará listas de empresas que recrutam diretamente através de seus sites e também links para sites especializados em recrutamento e oferta de empregos.

Muitas empresas já possuem uma área para recrutamento online, com fichas virtuais. Se não houver, envie seu currículo anexado ou "colado" no corpo do e-mail aos cuidados do setor de RH. Se a empresa já criou um formulário para isso, não dê uma de preguiçoso enviando o currículo anexado no e-mail, pois provavelmente ele será ignorado. O RH faz esta *ficha virtual* para facilitar a busca por candidatos para a vaga.

Assim, basta o selecionador digitar os pré-requisitos ou palavras-chave para receber uma seleção feita pelo computador.

Portanto, a forma como você preenche essas fichas virtuais é sua primeira chance para conseguir a entrevista e, quem sabe, o emprego, já que o que conta mesmo é como você vai se sair na *entrevista*.

Seja objetivo, coloque seu cargo com um nome comum, fácil de ser pesquisado.

Normalmente, o selecionador faz as pesquisas por palavras-chave. Quem seleciona os candidatos leva, em média, trinta segundos para ler o currículo.

Outra dica: não atente contra o idioma pátrio, empregando "para *mim* fazer" ou "*a gente* realizou muitos trabalhos" e mesmo "eu *vou vim*" ou "*eu vou ir bem* preparado para a entrevista".

Modismos como *na verdade, com certeza, a nível de, aí, entende?* certamente vão mandar seu currículo para a lixeira do micro ou para o cesto de lixo.

9º desafio

REDAÇÃO DE SUA CARTA DE APRESENTAÇÃO

A CARTA DE APRESENTAÇÃO é uma estratégia pouco utilizada, até por desconhecimento. Ela o auxiliará na organização de seus dados e no planejamento de suas ações, o que certamente poderá lhe trazer bons resultados.

Independentemente de você ter adotado o envio de currículo como a sua principal estratégia, uma das formas para atingir bons resultados é através de uma *campanha por carta*.

Você deve redigi-la com assuntos que chamem a atenção e motivem o leitor a entrar em contato. (*Lembre-se: além de não ter tempo, os executivos lêem depressa.*)

Você deve comunicar-se rapidamente, com uma matéria de interesse, ou ele não lerá sua carta.

Você deve usar a carta de apresentação toda vez que sua rede de contatos lhe oferecer informações sobre a existência de vagas em determinada empresa, como também deve preparar uma relação de empresas afins à sua formação escolar ou experiência profissional e enviar as cartas diretamente ao diretor-presidente ou ao setor de recursos humanos.

É bastante importante que você obtenha os nomes das pessoas-chave para que sua estratégia surta maior efeito.

A carta de apresentação

A primeira linha da carta é muito importante. Ela deve prender a atenção do executivo ou do selecionador no momento em que iria jogá-la no lixo. Para ilustrar como redigir bons primeiros parágrafos seguem alguns bons exemplos. Leia-os e eles lhe fornecerão idéia de como desenvolver algo interessante para compor o primeiro parágrafo da sua carta:

- "Roubos, fraudes e desfalques precisam ser evitados em todas as empresas" — *Gerente de auditoria interna procurando emprego com um chamariz alarmante.*
- "A Ferrovia Paulista S/A foi minha empregadora durante doze anos" — *Profissional que trabalhou numa excelente empresa enfatizando tempo de permanência.*
- "MBA da Fundação Getulio Vargas, fluência em inglês, quatro anos de experiência administrativa em empresa de grande porte são as principais qualificações que tenho para oferecer" — *Profissional com qualificações desejadas pelos empregadores.*
- "Sua empresa tem problemas de controle de qualidade?" — *Gerente de controle de qualidade procurando emprego.*
- "Venda de bens de capital é minha especialidade" — *Gerente de vendas procurando emprego.*
- "Clientes do Mercosul estão usando produtos que eu comercializei" — *Diretor de comércio exterior procurando uma vaga em comércio exterior.*
- "Após dois anos trabalhando como estagiário em empresas de porte, estou procurando uma nova colocação" — *Estagiário de Direito, com experiência profissional, procurando vaga de advogado júnior ou de advogado* trainee.
- "Editoração de textos, redes locais e profundo conhecimento de banco de dados em microcomputadores são algumas de minhas experiências" — *Universitário recém-formado procurando primeira colocação.*
- "Cento e vinte funcionários estão sob meu comando na fabricação de roupas com máquinas de costura retilíneas" — *Gerente de produção (ainda empregado) à procura de uma nova colocação.*

Depois de ter chamado a atenção de seu leitor, diga a ele exatamente o que você gostaria de fazer na empresa.

Eis alguns exemplos:

a) Se sua empresa está à procura de um gerente financeiro, V.Sª poderá se interessar por minhas qualificações e meu talento.

b) Gostaria de trabalhar na área de controle de qualidade de sua empresa e acredito que V.Sª possa ter interesse em minhas qualificações.

c) Estou à procura de um cargo inicial na área de produção; apresento minhas qualificações para vossa apreciação.

Divulgando seus aspectos relevantes

Prossiga a redação da carta com evidências substanciais, por meio das quais o leitor deva considerá-lo para o cargo. Não mencione um único aspecto que não seja positivo ou que não esteja relacionado com o cargo que pretende.

Extraia os pontos fortes de seu currículo e os inclua no corpo da carta. Eis aqui alguns itens a ser considerados:

Se excepcional, o número de promoções que recebeu.

Se conhecidos, os nomes das empresas para as quais trabalhou.

Estabilidade de emprego: "Depois de trabalhar para a empresa... por doze anos...".

Resultados importantes: "Pessoalmente, coordenei eventos comerciais que geraram faturamento líquido de US$ 2 milhões para a Associação...".

Declaração de habilidades técnicas específicas, tais como: "Utilizei o microcomputador com intensidade e tenho amplo conhecimento de Windows 95, 98, 2000, Excel, Word, Access e CorelDraw".

Se você está querendo mudar para outra cidade, certifique-se de expor claramente na carta. Caso tenha disponibilidade para viagens de curta, média ou longa duração, destaque-a na carta. São pontos fortes de venda pessoal.

Divulgando sua formação acadêmica e sua experiência profissional

O próximo passo é inserir sua formação acadêmica e fluência em idiomas em seus dados pessoais. Lembre-se, não mencione nada negativo. Você jamais deve mentir, mas pode omitir.

Alguns exemplos:

Se você não tem grau universitário, é melhor deixar de lado a seção Perfil Educacional.

Se você tem mais de 45 anos, não mencione sua idade na carta.

Se for mulher e tem filhos, não os cite, mesmo que sejam suas maiores alegrias pessoais.

Se seu inglês não é fluente o suficiente para conversação, não mencione a pouca habilidade. "Bons conhecimentos" soa *pior* do que não dizer nada.

Terminando a carta de apresentação

Termine a carta solicitando ao leitor que entre em contato para uma entrevista. Eis aqui alguns exemplos de frases para terminar a carta antes do "atenciosamente":

- Aguardo um retorno para marcarmos uma entrevista em horário de sua conveniência.
- Aguardo com interesse uma resposta de V.S.ª. Solicito que entre em contato para marcarmos uma entrevista.
- Estou à sua disposição para uma entrevista pessoal.
- Assine a carta de apresentação!

Reproduzindo a carta de apresentação

Antes de reproduzir sua carta, leia-a várias vezes para evitar erros gramaticais e atestar se não está "pesada". Certifique-se de que as idéias foram desenvolvidas numa ordem lógica e não confundirão o leitor. A carta não deve ter mais que duas folhas.

Outro detalhe: deve ser produzida em folha sulfite no formato A4 ou em um papel-carta menor (17,8 x 25,4 cm). O papel, branco ou de cor suave, deve ser timbrado com seu nome, endereço e telefone. Não faça uso de papéis com cores brilhantes porque destroem a sobriedade.

Envie cartas personalizadas com nome, cargo, empresa e endereço do destinatário. Para isso, você deve imprimi-las individualmente utilizando seu processador de texto e uma impressora a jato de tinta ou a laser.

10º desafio
ENTENDENDO O PROCESSO SELETIVO E SUAS ESTRATÉGIAS DE AVALIAÇÃO

QUALQUER QUE SEJA A MANEIRA como você chega a uma nova empresa, alguns procedimentos gerais serão cumpridos quase que inevitavelmente antes da sua admissão.

O processo seletivo ainda é utilizado pela maioria das empresas objetivando a escolha daquele colaborador que mais se aproxime do perfil de cargo dimensionado para a vaga existente.

Assim, quer você tenha sido indicado, respondido a um anúncio ou apresentado por alguém, terá que cumprir algumas etapas até conquistar sua nova colocação.

As características atuais do mercado apontam para a utilização de algumas *estratégias de avaliação de candidatos,* como veremos a seguir.

Análise do currículo

O currículo funciona como um elemento de sua apresentação à empresa e é, normalmente, a primeira forma de contato entre ambos (exceção feita aos candidatos que são indicados).

Como você já teve a oportunidade de ler e refletir, o currículo precisa ser bem planejado, bem elaborado e bem escrito.

Lembre-se: um currículo mal elaborado ou mal redigido o excluirá do processo seletivo.

■ *Setor de RH*

A primeira possibilidade é que seu currículo chegue às mãos de profissionais da área de recursos humanos. Tanto melhor, já que esses profissionais estão habituados a analisar esse tipo de material e terão mais facilidade para concluir sobre a possibilidade de seu aproveitamento ou não para o cargo objeto da seleção.

Se seu currículo estiver elaborado dentro de padrões que facilitem a análise e a leitura, como aqui sugerimos, é muito provável que ele seja considerado para um segundo nível de análise. Daí a importância de estar bem definido seu objetivo profissional e de balanceá-lo com a terminologia em uso no mercado.

■ *Seu futuro "chefe"*

Outra possibilidade é que seu currículo seja analisado por alguém de sua área de atuação profissional, *seu futuro superior*, por exemplo.

Os critérios de análise neste caso serão mais difíceis de mensurar, já que este profissional poderá deter-se em itens que ele considere relevantes, mas que não são os mais evidentes no currículo.

Ele pode querer selecionar apenas os profissionais formados por uma determinada escola (a mesma que ele cursou) ou outra que ele julgue a melhor, desconsiderando, pelo menos a princípio, os demais itens.

O exemplo pode parecer improvável, mas é perfeitamente possível.

Ele serve para ilustrar, mas também para que você dimensione bem e dê o valor devido a todos os itens quando estiver redigindo seu currículo.

Não importa quem receba o currículo, normalmente o que temos é um processo que seguirá os seguintes passos:

a) *Recepção do currículo*

É importante considerar os prazos estabelecidos (principalmente quando se tratar de um anúncio), a forma de endereçamento, indicando corretamente o nome do destinatário (ou código, no caso de anúncio), o endereço ou caixa postal e seus dados como remetente.

b) Primeira impressão

É condicionada pela apresentação do envelope (cor, tipo, forma de subscritagem, endereçamento correto, indicação de remetente etc.) e do próprio currículo como um todo. Daí a importância de formatá-lo adequadamente.

c) Primeira leitura

Irá indicar se você se enquadra nas exigências gerais para o cargo e será facilitada à medida que você estruturar seu currículo, de modo a permitir ao selecionador o acesso às informações prioritárias.

Com essa primeira leitura já é possível selecionar um determinado número de candidatos.

d) Segunda leitura

Em alguns casos é necessária uma segunda leitura para identificar os pontos fortes e fracos em cada um dos currículos inicialmente selecionados.

Após a seleção inicial, os profissionais serão contatados para a continuidade do processo: a entrevista.

Entrevistas

De todas as estratégias em uso no mercado, a entrevista é a que tem dado melhores resultados e se mostrado cada vez mais adequada às necessidades de seleção.

Mas por que tanta importância?

Em primeiro lugar, porque a entrevista é uma forma insubstituível de relacionamento profissional que permite ao entrevistador um contato direto com o candidato, numa situação real muito próxima do cotidiano das empresas. E, em contrapartida, permite que o candidato aja de modo a interferir na sua avaliação, demonstrando suas qualidades, seu potencial e divulgando seus talentos.

Assim, fica fácil entender qual o objetivo central de uma entrevista: permitir a dois profissionais (o entrevistador e você, candidato) avaliar até que ponto os objetivos de ambos (de um lado encontrar determinado tipo de profissional, de outro encontrar uma empresa satisfatória) coincidem ou não.

Como você pode ver, a diferença entre a entrevista e os demais testes/estratégias de seleção é que nela sua participação pode ser proativa e nem a forma de abordagem nem os resultados podem ser totalmente esquematizados previamente, podendo ser alterados pelo entrevistador, mas também por você, como candidato, durante o desenvolvimento.

A entrevista também se diferencia das demais estratégias por sua mobilidade e flexibilidade, já que pode ser realizada em qualquer momento do processo seletivo e com várias abordagens e níveis de profundidade. Além disso, exigem menor tempo de desenvolvimento e análise (em regra geral, uma entrevista tem resultado imediato, notadamente quando o entrevistador a tiver estruturado previamente), o que significa menor custo e maior agilidade.

Igualmente, durante a entrevista, você terá claro se a empresa merece seus serviços profissionais. Você terá uma visão das estratégias de mercado e das estratégias de pessoal que a empresa vem adotando.

Tipos de entrevista

Não é possível classificar todos os tipos de entrevista, mesmo porque, devido a suas características, cada entrevista pode se configurar como um tipo único. Mas, numa visão mais geral, é possível classificar alguns tipos básicos em razão do tipo de entrevistador ou da circunstância da entrevista.

Entrevista preliminar

Como a entrevista vem sendo cada vez mais incorporada como uma estratégia decisiva no processo de seleção, muitas empresas optam por realizar uma entrevista preliminar com os candidatos.

Na maior parte das vezes essa entrevista tende a ser realizada por pessoal especializado, da área de recursos humanos, com um nível compatível com o cargo em questão. De modo que, para os cargos executivos, o entrevistador será, normalmente, um diretor ou gerente de recursos humanos.

Para os cargos gerenciais, técnicos e executivos, essa entrevista preliminar, que tem abrangência necessariamente menor que uma entrevista tradicional, servirá como uma primeira avaliação do candidato.

A intenção dessa entrevista está relacionada, especificamente, a alguns aspectos do contexto profissional.

Podem ser abordados assuntos como:

- Linha de trabalho;
- Perfil profissional;
- Expectativas com relação ao cargo e à empresa;
- Revisão do histórico profissional;
- Perfil socioeconômico, sociocultural e mesmo político;
- Planejamento pessoal para os próximos cinco anos.

Não é comum, mas uma entrevista preliminar poderá ser realizada pelo seu futuro superior imediato. Isso é possível em empresas de menor porte, empresas em que o processo de seleção é realizado diretamente pelos interessados das áreas.

De qualquer forma, quem quer que seja o entrevistador na entrevista preliminar, seu desempenho deve estar pautado na observância dos procedimentos que indicamos e que visam qualificar sua postura durante a entrevista.

Um dos maiores erros do candidato é *subestimar* entrevistadores por considerá-los desqualificados para entrevistá-lo, os quais, por causa desse tipo de postura, terminam por não selecioná-lo para as próximas etapas.

Não cometa esse erro! Trate aquele que o entrevista com respeito profissional e considere que ele tem, naquele momento, poder para avaliá-lo.

Em geral, a entrevista preliminar não tem como objetivo principal abordar aspectos intimamente ligados à sua área de atuação, mas aspectos gerais sobre o trabalho.

Aspectos como política de benefícios, incentivos, perspectivas de desenvolvimento, necessidades gerais da empresa, perfil desejado, breve histórico da empresa etc. fazem parte das informações transmitidas por esse tipo de entrevista. Em contrapartida, você será argüido sobre seus interesses profissionais e pessoais.

Ressalte suas experiências anteriores, caso as tenha, bem como seu histórico profissional (tempo, promoções, tipos de empresa em que atuou, tipos de chefia etc.), expectativas e interesses quanto ao novo cargo, aspectos da vida familiar, social, interesses culturais e de lazer etc.

ATENÇÃO: Tome cuidado de não contradizer o que foi mencionado em seu currículo! Não caia em contradições!

A entrevista preliminar conclui uma das fases do processo e seleciona os candidatos que chegaram mais perto dos *perfis* dos cargos. Estes darão continuidade ao processo seletivo.

Concluída a entrevista preliminar, geralmente os candidatos "aprovados" serão submetidos a *testes* diversos e, posteriormente, à entrevista técnica, sobre a qual dedicaremos capítulo à parte.

Os testes poderão ser teóricos e mesmo práticos, mas sempre em conformidade com o perfil da vaga.

Testes

O processo seletivo poderá incluir vários testes como estratégia de avaliação. Estes têm por objetivo selecionar os melhores candidatos para as fases posteriores.

Como as empresas acompanham as tendências do mercado, informe-se acerca do que vem sendo usado na sua área para não ser pego de surpresa.

A estratégia do uso de testes poderá ocorrer após a entrevista preliminar ou até mesmo como primeira fase do processo. Não é raro que os testes sejam incluídos no meio de uma série de entrevistas. Também nesse caso, predisponha-se a participar sem restrições.

Na maior parte das vezes as barreiras psicológicas criadas por você* contribuem para um desempenho ruim que poderá excluí-lo do processo seletivo.

Há informações sobre os testes que serão importantes para você. Mas lembre-se: não há uma "técnica", uma "fórmula mágica",

---

* Essas barreiras, tais como ansiedade, medo, nervosismo, serão explicadas no capítulo "Vencendo os medos".

nem mesmo uma resposta pronta que garanta sua participação com sucesso num teste ou dinâmica.

Teste psicotécnico

Durante muito tempo os testes foram usados como uma técnica imprescindível para os processos seletivos. Hoje ainda são muito utilizados, mas estão em desuso notadamente para cargos gerenciais/executivos.

Normalmente, o teste psicotécnico é composto de uma ou mais baterias de questões que, através do mapeamento de características psicológicas e psicomotoras, visam avaliar o candidato em termos de suas aptidões e inclinações em relação ao cargo. São conduzidos por psicólogos ou pessoal de RH e podem durar até um dia inteiro. Os testes psicotécnicos consistem em respostas a questões que envolvem raciocínio rápido e lógico. Quase sempre alguns conceitos matemáticos serão solicitados.

Nesse tipo de teste, a calma e a precisão nas respostas serão fundamentais, pois você estará premido pelo tempo. Por exemplo: "Responda as 60 questões abaixo em 5 minutos".

Às vezes, o selecionador faz uso de um cronômetro para aferir sua rapidez em responder as questões solicitadas. Nesse caso, o selecionador estará analisando seu comportamento sob pressão.

Caso seja convocado a participar desse tipo de teste, encare-o como uma etapa a mais no processo, não atribuindo a ele poderes inexistentes. Seja um participante entusiasmado e aceite o teste como um exercício e um aprendizado a mais na sua vida profissional.

É possível que esse tipo de teste seja feito com o uso do computador. *Prepare-se!*

Para que você tenha noção do que seja um teste psicotécnico, tente responder alguns que inseri no final deste livro.

Teste grafológico

Em alguns casos essa tem sido a primeira forma de seleção usada por algumas empresas, principalmente através de anúncios, mas também num primeiro contato pessoal.

Ainda que haja muita controvérsia quanto à sua eficácia e mesmo quanto à sua seriedade, é uma estratégia em crescimento no mercado.

Seu objetivo básico é delinear, através da análise de um texto manuscrito, desenhos e até mesmo rabiscos aleatórios, o perfil geral do profissional a ser selecionado.

Sua participação, também nesse caso, deve ser a mais natural possível. Há pessoas que julgam que enviando um texto escrito por outra pessoa como resposta a um anúncio estão garantindo sua colocação. Nada mais enganoso, afinal você não tem em mãos os critérios de análise que serão usados.

Portanto, não se preocupe com a beleza e mesmo com a legibilidade de sua letra. Não tente disfarçar sua caligrafia.

Uma vez que o teste grafológico está sendo aplicado como uma das fases do processo seletivo, encare-o também com a maior seriedade.

Redação

Em algumas empresas o teste grafológico é aplicado através de uma "redação" que, por sua vez, também é uma modalidade de teste.

> REDAÇÃO É A DESCRIÇÃO DE ALGO QUE CHAMA NOSSA ATENÇÃO, DIANTE DE UMA PAISAGEM, UMA PESSOA, UMA CENA, UM PENSAMENTO, UMA AÇÃO.

Por meio da redação, o selecionador buscará distinguir candidatos que possuam senso estético, que saibam redigir com clareza, de maneira simples, objetiva e, principalmente, de forma correta. Além disso, a redação poderá servir de base para o teste grafológico.

Candidatos que escrevem com naturalidade, que colocam bem os verbos, obedecendo a sua regência, e que não atentam contra a língua portuguesa terão mais chances de ser selecionados para as próximas fases do processo seletivo.

A boa redação também precisa de planejamento, fundamental para que você obtenha sucesso nesse tipo de teste.

Mas o que é uma redação? Como devo redigir para obter sucesso?

Para que se possa redigir com perfeição, é necessário que você se apegue a quatro itens fundamentais que são, por assim dizer, as colunas mestras do texto que se construirá: *a redação.*

Você deve obedecer à seqüência:

1. Dado o título, a sugestão, procure a *idéia central*.
2. Ao redor da idéia central, procure selecionar as *idéias acessórias*, complementares.
3. Após a seleção de idéias complementares, trace um *esquema*, um roteiro que deverá ser seguido.
4. Escreva com *naturalidade* usando frases curtas, adjetivos simples, sem chegar à banalidade, ao vulgar, ao inútil. Como já dissemos, coloque bem os verbos, obedecendo sua regência, isso é, que tipo de preposição cada verbo exige. Não rebusque em excesso, porque uma boa redação é simples, objetiva e correta.

Esquema de redação

Título: Um incêndio.
Idéia central: Destruição.
Idéias acessórias: O susto, o pavor, as labaredas, a correria, os gritos, o Corpo de bombeiros; como alguns conseguem se salvar.
Final: Só resta fumaça e paredes molhadas. A multidão boquiaberta, nervosa, que observa o trabalho dos bombeiros que recebem elogios de todos. Alegria de uns, tristeza de outros.

O esquema da redação é a linha mestra traçada através de determinadas palavras ou pensamentos que, obrigatoriamente, devem aparecer no corpo da redação.

Esquema é a seleção de idéias fundamentais que farão parte do corpo da redação.

Por isso é importante sempre fazer um esquema antes de iniciar a redação e procurar segui-lo à risca para que as idéias sejam completas e tenham uma lógica.

A finalidade do esquema é sintetizar o conteúdo do trabalho, seguindo uma lógica ou uma cronologia. Isto só poderá trazer ótimos resultados a quem redige.

Se fizermos, por exemplo, uma redação sobre "Um temporal" devemos procurar, em primeiro lugar, localizar a idéia central, o pensamento fundamental em "Um temporal", que poderá ser: a inundação, a enchente.

Após a localização da idéia central, passaremos a focalizar as idéias acessórias, isto é, os pensamentos complementares que darão corpo à redação, as palavras, os adjetivos, os verbos, as frases que propiciarão colorido à redação.

Procuraremos encontrar fatos secundários, mas de suma importância no texto, que produzirão certa beleza e trarão mais força à sua redação.

As idéias acessórias de "Um temporal" podem ser: chuva intensa, muito vento, o frio provocado pela chuva, as destruições causadas pelo temporal, os prejuízos, o socorro, o que restou do temporal, a tristeza dos que foram atingidos. Finalmente a bonança, o sol, a tentativa de recuperação dos danos, a alegria do retorno aos lares reconstruídos, a recuperação dos mananciais de água, o término próximo do racionamento de água.

Como você pode observar, pelo esquema traçado, pode-se fazer uma excelente redação, alcançando o objetivo desejado.

Como exercício prático, sugiro que faça uma redação seguindo o modelo abaixo:

MODELO DE ESQUEMA DE REDAÇÃO

Título: A poluição.
Idéia central: Danos causados à saúde.
Idéias acessórias: Fumaça, céu encoberto, olhos que ardem, tosse causada pela poluição, áreas mais atingidas pela poluição, luta do governo contra a poluição e contra as indústrias poluidoras, tentativas das próprias indústrias, através de equipamentos modernos, de reduzir o índice de poluição.

Procure fazer essa redação seguindo o esquema sugerido e você verá que o resultado será bastante satisfatório. Não se esqueça de ter a seu lado um bom dicionário.

Submeta sua redação a uma avaliação de colegas ou familiares e corrija o que for necessário. O que vale é o aprimoramento na arte de escrever. Assim o teste de redação, no processo seletivo, ficará bem mais fácil de ser realizado.

Ao final do livro, você poderá examinar um exemplo de teste de grafologia baseado não na redação (análise da sua grafia), mas em desenhos aleatórios.

Testes ou provas técnicas (de conhecimento específico)

Para os cargos de nível médio e superior essas estratégias não costumam ser utilizadas. Contudo, num processo de seleção é importante considerar todas as variáveis e possibilidades.

Se, por acaso, você tiver conhecimento prévio da realização de um teste desse tipo, é bom preparar-se para ele. Isso não significa estudar o que você já sabe, mas sim preparar o espírito para essa avaliação.

É nesse tipo de teste que seus conhecimentos de um idioma poderão ser aferidos. A interpretação de um texto, e as respostas a questões relativas ao texto, é uma das estratégias utilizadas pelo selecionador. PORTANTO, NÃO MINTA EM SEU CURRÍCULO!

Diante do teste não dê asas à imaginação nem fique ansioso demais.

Ninguém espera que um profissional saiba de tudo, e um teste como esse poderá ser classificatório, mas não eliminatório.

Testes situacionais e dinâmicas de grupo

Esses testes têm sido muito usados por algumas empresas para selecionar candidatos a cargos de nível médio, superior e até executivo.

São constituídos por situações-problema, propostas pelos responsáveis pela seleção, nas quais você deverá participar desempenhando um papel predeterminado, cumprindo uma tarefa, relacionando-se com pessoas, expondo seus pontos de vista, ouvindo os outros, discutindo e debatendo. Normalmente, são iniciados com a *apresentação pessoal* de cada candidato.

Um teste situacional poderá ser prático, levando em consideração a experiência relatada em seu currículo e o perfil do cargo a ser preenchido. Nesse caso, você deverá *provar que possui habilidades práticas e comportamento adequado* no desenvolvimento das tarefas propostas pelo selecionador. Isso poderá se dar em grupo ou individualmente.

Nas dinâmicas fica ainda mais difícil prever qual o melhor comportamento e, principalmente, que respostas a empresa espera dos candidatos.

Mas, na maioria das vezes, o desenvolvimento dessas estratégias visa identificar o *perfil* dos profissionais que estão participando do processo seletivo para eleger aquele(s) mais adequado(s) ao cargo ou que mais se aproxima(m) do perfil esperado pela empresa.

Para tanto, esses testes são aplicados por profissionais especializados, ligados à área de recursos humanos. Além deles, poderá haver observadores, inclusive da sua futura área de atuação, e até mesmo a presença do seu futuro superior imediato.

Como você pode ver, caso seja convidado a participar de um teste desse tipo, procure dar o melhor de si, sendo um membro ativo e participativo. Sua humildade será fundamental, mas enfatize seus pontos fortes e seus conhecimentos sem tentar diminuir os demais membros do grupo.

Afinal, se você está sendo observado e avaliado, é importante que você demonstre sua melhor imagem e seus conhecimentos teóricos e práticos em todos os sentidos.

Não procure ser aquele que ganha todas, que tem as melhores idéias e que sabe de tudo. Seja um elemento de integração dos membros do grupo e de seus pontos de vista. Quanto mais você contribuir para os resultados do grupo, melhor será sua avaliação.

Agora vamos nos aprofundar um pouco mais no tema *dinâmicas de grupo*.

11º desafio

ENTENDENDO AS DINÂMICAS DE GRUPO

COMO VOCÊ JÁ SABE, dinâmica de grupo é uma modalidade de teste aplicado durante o processo seletivo. Geralmente ela não é eliminatória e serve para que a empresa venha a conhecer suas principais características, bem como seu comportamento individual e em equipe.

Agora tire todas as suas dúvidas a respeito desse instrumento de seleção.

- *Em que fase da seleção ocorre a dinâmica de grupo?* — Depois da triagem inicial dos currículos e dos testes (caso ocorram). Poderá ser ainda aplicada antes ou depois das entrevistas, e sempre antes da última entrevista técnica individual.
- *Como é realizada?* — São formados grupos de cerca de dez participantes. A duração varia, mas costuma ser de duas horas. São propostas diversas atividades em que o grupo precisa expor aspectos pessoais e profissionais.
- *Como devo agir?* — Com sinceridade, espontaneidade e ética. Mas vale lembrar que sinceridade aqui tem limites (use o bom senso para não perder a oportunidade).

- *Extrovertidos têm mais chances?* — Depende do perfil da vaga, mas, em geral, acabam sobressaindo durante as dinâmicas porque têm facilidade de expor suas opiniões. Os tímidos poderão se dar bem, mas antes deverão procurar informações sobre a empresa e treinar formas de se expor em uma situação de grupo. Não adianta fingir que você é extrovertido. O ideal é achar saídas para diminuir o obstáculo.
- *Os candidatos deixam de ser naturais?* — Como é uma situação de competição e de avaliação explícita, fica realmente difícil manter a naturalidade. Mas os exageros são facilmente percebidos pelos selecionadores.
- *Na dinâmica, um candidato "puxa o tapete" do outro? Como evitar isso?* — Mesmo sem essa intenção "escancarada", é isso o que muitos tentam fazer. O candidato que se sentir atingido deverá expressar, com educação, que isso o incomoda. Não se deixe intimidar por atitudes exageradas dos "colegas".
- *O selecionador percebe quem está fingindo? Como?* — O candidato que mascara situações ou comportamentos geralmente cai em contradição e é fácil de ser notado. O selecionador tem ferramentas para tanto.
- *Como responder quando perguntam sobre meus pontos negativos?* — Pergunte, por exemplo, quais são os pontos negativos que a empresa é contra e então aponte quais deles fazem parte de sua personalidade. Outra forma é apresentar as características pessoais que você precisa desenvolver em curto prazo. Ou, ainda, citar características suas que sejam negativas, mas aproveitáveis, como o perfeccionismo.

    LEMBRE-SE: SINCERIDADE TAMBÉM TEM LIMITE NA AUTO-AVALIAÇÃO.
- *O que dizer no momento da apresentação individual?* — Fale como você é, como reage diante das situações, como se vê em grupo, quais são suas expectativas e seus planos para o futuro.
- *Devo mudar de acordo com o cargo ou a empresa pretendida?* — O comportamento e os valores, não. A estratégia para alcançar o objetivo é que pode ser mudada.

DESTACA-SE NA DINÂMICA QUEM...

- Sabe ouvir a equipe;
- Divide papéis;
- Organiza e planeja antes de executar a tarefa;
- Coloca suas idéias e valores de maneira clara e objetiva;
- Expõe suas opiniões com segurança, baseadas em dados fundamentados.

PERDE PONTOS NA DINÂMICA QUEM...

- Não participa das atividades;
- Mostra arrogância;
- "Atropela" o grupo;
- Finge comportamento.

A dinâmica de grupo continua sendo o "calo" de muitos candidatos a um novo emprego. Longe de ser um bicho-de-sete-cabeças, essa etapa da seleção tem como principal objetivo *reconhecer as potencialidades* dos candidatos de uma forma espontânea e criativa.

Mas, apesar de simples em seus objetivos, pode ser um "fator de exclusão" na maioria dos processos seletivos e, exatamente por isso, gera e causa *muita ansiedade* nos participantes.

Você precisa evitar esse sintoma pensando positivamente, ou seja, em vez de "*Eu não vou* me dar bem na dinâmica", pensar "*Eu vou* viver uma nova experiência" ou "*Eu tenho bagagem e experiência* suficientes para mostrar meu potencial a essa empresa".

Para que você entenda um pouco as causas dessa ansiedade que sempre antecede qualquer passo importante que você venha a dar na sua vida, falaremos sobre *Fobia social e como vencer os "medos"*.

12º desafio

VENCENDO OS MEDOS

As ENTREVISTAS E OS TESTES MENCIONADOS têm estratégias e objetivos específicos. Já a dinâmica sempre traz uma surpresa na manga.

Esse é o grande problema a ser encarado: *a surpresa*. A dinâmica costuma gerar muita *ansiedade* nos candidatos. Portanto, prepare-se, pois esse teste pode ser diferente de tudo que você sabe ou pelo que já passou.

Essa ansiedade, ou até medo para alguns, poderá ser determinante para o sucesso ou o fracasso na conquista do emprego. Algumas literaturas tratam o aspecto do medo em participar de uma dinâmica, por exemplo, ou seja, expor-se em público e demonstrar suas virtudes ou fraquezas, de fobia social ou transtorno de ansiedade social.

Esse tipo de ansiedade é condição clínica que se caracteriza pelo medo excessivo de ser foco de atenção de outras pessoas e, nessa circunstância, fazer algo ridículo ou humilhante.

Em um processo seletivo, você deverá passar por vários momentos de exposição em público. Ou seja, se por ventura você tem fobia social caracterizada, principalmente por medo de se expor ou de ser avaliado em público ou individualmente, deverá se cuidar para poder participar com maior êxito desse processo.

É preciso muita reflexão, questionamento e análise do seu comportamento nas interações sociais para um diagnóstico prévio sobre a existência de possíveis sintomas de fobia social. Essa análise prévia o auxiliará, muito, na busca de um novo ou do primeiro emprego. Tenha em mente que vários outros candidatos à vaga que você almeja poderão apresentar os mesmos sintomas e até em maior intensidade. Se você for consciente das suas limitações já estará dando um grande passo para sua conquista.

Mas será que não é normal ficar ansioso quando somos o objeto da atenção de outras pessoas, particularmente desconhecidas?

Todos nós temos aumento de ansiedade em situações de interação social, principalmente em situações novas, quando somos apresentados a desconhecidos e foco da atenção de todos, como numa apresentação em público, ou por observadores que nos avaliam na dinâmica de grupo de um processo seletivo, por exemplo.

Tal aumento de ansiedade é considerado normal e tem as seguintes características:

- Varia em intensidade de pessoa para pessoa;
- Não leva as pessoas a evitar essas situações;
- Não acarreta prejuízos significativos;
- Não se associa a outras doenças.

Quem tem fobia social apresenta *medo exagerado* da interação com outras pessoas e *vai evitar* situações de exposição social, ainda que isso prejudique a sua vida ou sua carreira profissional.

Caso não consiga evitar, sofrerá grande desconforto em situações de avaliação.

Além disso ocorre o que chamamos de ansiedade antecipatória, isto é, aumento significativo de ansiedade no período que antecede as situações de exposição social.

Mas o que acontece se a pessoa for obrigada a enfrentar a situação?

Há um aumento rápido de ansiedade acompanhado de sintomas físicos, como tremor, suor, taquicardia, palpitações, empalidecimento, sensação de perda de consciência, náuseas, desconforto estomacal, formigamentos, vontade de urinar.

Pode parecer que o medo central é se apresentar em público. Esse é o maior medo de alguém que tenha fobia social. Mas há outros:

- Falar em público;
- Conversar com autoridades;
- Conversar com o sexo oposto;
- Conversar com estranhos;
- Conversar com chefia superior em ambiente de trabalho;
- Comer em público;
- Assinar em público;
- Usar banheiros públicos;
- Ficar nu em público;
- Ser observado;
- Levar uma bronca, principalmente na frente dos outros.

Algumas pessoas têm muitos desses medos. São as que apresentam fobia social generalizada, a forma mais comum. Outras temem apenas uma ou outra situação (em geral apresentar-se em público). São as que têm fobia social restrita.

Os estudos mostram que 7% das pessoas têm ou tiveram fobia social e, como na maior parte das doenças, a fobia social é resultado de vários fatores, entre eles: ambiente familiar e cultural; aprendizado; fatores psicológicos.

Se a pessoa tem fobia social restrita, em geral ela adapta sua vida, isto é, consegue evitar outros prejuízos, além de não se expor em público, por exemplo. Mesmo assim já há uma limitação.

Entretanto, na forma mais comum de fobia social — a fobia social generalizada —, as pessoas apresentam prejuízos bastante significativos em sua vida:

- Casam-se menos;
- Têm menor escolaridade;
- Têm menores rendimentos;
- São mais propensas ao suicídio;
- Queixam-se da ausência de relações sociais;

- Têm dificuldade de arrumar emprego;
- Têm dificuldade de relacionamento interpessoal;
- Apresentam maior freqüência de depressão, abuso ou dependência de álcool, pânico, que muitas vezes é o que as leva a procurar o tratamento.

Pelo fato de a fobia social generalizada começar na adolescência, há uma complicação, pois é o período em que aprendemos uma série de regras de interação social.

Assim, a pessoa com fobia social generalizada terá de enfrentar não só o medo, mas também a falta de habilidade nessas interações sociais.

Por exemplo, os principais códigos da paquera são aprendidos na adolescência. Alguém com esse tipo de fobia social não tenta aproximações e chega à idade adulta sem saber paquerar.

A FOBIA SOCIAL TEM TRATAMENTO!

O primeiro passo é convencer-se de que fobia social é uma condição clínica a ser tratada. Em geral, o sofrimento significativo faz com que os pacientes recebam bem a possibilidade de ajuda médica.

O segundo passo é explicar que existe tratamento e que esse é longo, envolvendo o uso de medicação e psicoterapia. A medicação objetiva diminui a ansiedade e a terapia é fundamental para ajudar o paciente a se expor às situações temidas e para treiná-lo em certas situações para então participar com maior êxito das dinâmicas de grupo, por exemplo.

Como informação importante, algumas empresas, no intuito de sofisticar seu processo seletivo, estão aplicando alguns testes que buscam "medir" o seu QE, ou seja, *coeficiente de estresse*, tentando descobrir em quais situações você "perde a calma" e quais serão seus comportamentos observáveis nesses momentos. Portanto, prepare-se até para um teste como este.

13º desafio

PARTICIPANDO DAS DINÂMICAS
DE GRUPO

Mas o que é dinâmica de grupo?

Como o próprio nome já diz e como você já deve ter deduzido, a dinâmica é uma *experiência em grupo* que tem como objetivo reconhecer a *capacidade* e o *potencial* dos candidatos de forma diferente. Ela dá aos examinadores a possibilidade de observar as pessoas exercendo diversos papéis, quando serão analisados os requisitos básicos exigidos para o cargo a ser preenchido (perfil).

Para um cargo de vendedor, por exemplo, o ponto crucial é a capacidade de vender. Na dinâmica serão observados: o poder de persuasão e de negociação, o improviso, a criatividade e a reação diante de situações inesperadas.

LEMBRE-SE: *DO OUTRO LADO PODERÁ ESTAR O COORDENADOR DA DINÂMICA FAZENDO O PAPEL DE CLIENTE.*

Uma boa dinâmica é dividida em três etapas:

- *Relaxamento* — Uso de jogos para "quebrar o gelo" e promover a interação do grupo. Se o candidato não estiver relaxado é mais difícil analisar seu perfil. Nessa hora o nervosismo atrapalha muito.

- *Atividades* — Normalmente são utilizadas atividades em que as pessoas tenham que se movimentar e falar em público. Com isso dá para perceber como cada um administra suas dificuldades, seus erros e como se comporta em grupo.
- *Situação-problema* — Muito conhecida por "case". É uma discussão sobre algum assunto atual ou proposto pela empresa e que tenha a ver com a vaga em questão. Aqui são analisadas as capacidades de argumentação e de negociação diante de situações polêmicas e, em alguns casos, até constrangedoras.

Existem muitos *modismos* nas dinâmicas, mas essencialmente elas são montadas de acordo com os interesses da empresa. Por isso, antes de qualquer nervosismo, comporte-se com naturalidade e procure *conhecer o perfil da empresa* para tentar entender o que ela está querendo de você.

ATENÇÃO! DICAS QUE VALE A PENA LEMBRAR:
- Muitas dinâmicas exigem movimentos como sentar, ajoelhar, subir em algum lugar. *Evite roupas complicadas* ou muito apertadas — minissaias e decotes, nem pensar!

  Use roupas sóbrias e confortáveis — evite extremos como tênis e moletom. A *imagem* também conta nessa hora.

  Evite meias velhas e furadas — nunca se sabe se você terá que tirar os sapatos ou não!
- Procure ser o mais *natural* possível e *controle a ansiedade*. O nervosismo não ajuda nada!
- *Execute as tarefas da melhor maneira possível* e preste muita atenção ao que está sendo pedido e perguntado.
- *Controle a agressividade*, mesmo num momento de discussão, procure não se exaltar.
- Ao se expressar, cuidado para não ferir a língua pátria. Não diga: "Eu *vou vim*", e sim "Eu *virei*"; "*A gente* terminou o trabalho", e sim "*Nós* terminamos o trabalho". Modismos como *tá? né?; a nível de; com certeza!; na verdade...; aí.. entende?* deverão ser excluídos do seu dicionário.

Mantenha-se atualizado. O "case" pode ser realizado com base em notícias e fatos do momento.

Quais são as fases de uma dinâmica de grupo?

Apresentação
Pode ser realizada oralmente, quando cada participante faz uma pequena descrição de sua vida pessoal e profissional. Pode ser também uma apresentação mais dinâmica, na qual os candidatos recebem cartolina, jornais, revistas, tesoura, cola, canetas. O objetivo é fazer com que cada um *se defina* usando esses recursos.

É permitido escrever, desenhar, colocar recortes de revistas, colar ilustrações. Ainda é possível que você faça sua apresentação para outro candidato que, posteriormente, falará de você para todo o grupo, e vice-versa. Serve para "quebrar o gelo" e fazer com que todos se conheçam.

Aquecimento
O aquecimento serve, igualmente, para "quebrar o gelo".

O selecionador ou coordenador da dinâmica define o tipo de aquecimento, que pode ser *físico*, para relaxar e diminuir a empolgação, ou algum tipo de *jogo* que proporcione oportunidades de integração do grupo. Um exemplo é o jogo da batata quente. Cada pessoa, ao receber a bola, precisa terminar a frase dita pelo coordenador da dinâmica: "Eu gosto de..."; "Me tira o sono..."; "O que me entristece é..."; "Às vezes me sinto como...".

Atividade principal
Pode ser subdividida em três fases:
1. *Execução ou realização* — Construção de um produto ou um projeto, como uma campanha de marketing, por exemplo. Nesse caso, propõe-se aos candidatos que criem um produto inovador, apresentando viabilidade de custo, estratégia de marketing, tempo de retorno e público-alvo.

    Com isso, verifica-se *criatividade, "jogo de cintura", dinamismo, clareza de idéias, conhecimento do mercado, visão, comportamento*

em relação ao grupo, sintonia e, o principal, *de que forma cada integrante contribui para isso.*
2. *Comunicação* — É sempre baseada em debates ou histórias. O grupo é dividido em dois. Depois é apresentado um tema da atualidade (geralmente polêmico) sobre o qual os participantes discutirão para desenvolver a argumentação pertinente. Avalia-se: *capacidade de argumentação, conhecimento do assunto, poder de negociação, relacionamento interpessoal, facilidade de expor idéias, maturidade* e *nível cultural.*
3. *Situacional* — Pode ser feito verbalmente ou através da aplicação de questionários. Diante da apresentação de uma situação relacionada a problemas cotidianos das empresas, cada participante deve apontar possíveis soluções. O grupo pode ser dividido em duas equipes e, então, cada uma apresenta suas soluções. O objetivo é checar capacidade de *compreensão*, de *síntese, liderança, habilidade analítica, aceitação do que foi exposto pelo grupo oponente, poder de negociação, coesão do grupo* e *maturidade*. Outro exemplo: diante de uma situação em que um barco está afundando, lança-se a pergunta: Quem você salvaria? O facilitador demonstra o perfil de cada um dos ocupantes do barco e cada um faz sua escolha. Esse tipo de dinâmica vai identificar seus valores (econômico, religioso, humano) e se você é uma pessoa mais sonhadora, prática, organizada ou desregrada.
4. *Avaliação da dinâmica* — Alguns profissionais de recursos humanos têm utilizado essa técnica para saber o que os candidatos acharam das atividades. Ouvem suas opiniões e argumentam de acordo com aquilo que é possível revelar.

Quais comportamentos podem ser decisivos nas dinâmicas de grupo?
- "Durante uma dinâmica de grupo perguntei sobre o salário, que não estava claro para mim. Fui preterido no processo. Será que foi pela minha pergunta?"
- "Cheguei atrasado, pois me perdi no trajeto até a empresa onde faria uma entrevista. Fui rejeitado. É possível que um atraso involuntário possa ter me retirado da seleção?"
- "Discuti fortemente com outro candidato que participava

comigo de uma dinâmica de grupo. Percebi, na hora, que estava fora."

Se você já teve dúvidas sobre os motivos pelos quais foi excluído de um processo seletivo, pense bem e reflita que você achará as respostas.

Qualquer contratação traz enorme investimento para as empresas. Se o profissional deixar a organização pouco tempo depois de contratado, certamente o investimento passa a ser custo, daí a rigidez no processo seletivo.

O ser humano é extremamente complexo. Dê uma olhadinha para dentro de você e verá o que quero dizer... O uso de diferentes instrumentos nos processos seletivos traz maior segurança às empresas quando precisam contratar profissionais. Devido à complexidade já citada do ser humano, quanto mais bem observado for o candidato, maior segurança na seleção a empresa terá e, conseqüentemente, maior certeza do seu investimento ao contratá-lo. Os candidatos também deveriam aproveitar esse tempo para avaliar se aquela empresa *merece* seu trabalho.

Em síntese, como você pôde perceber, o processo seletivo é composto de diversos instrumentos: *dinâmicas de grupo, entrevistas preliminares, testes psicológicos, testes práticos*. As informações colhidas são complementares, ou seja, cada atividade revela um tipo de característica.

Recapitulando: a entrevista individual permite que o candidato detalhe projetos, conquistas, interesses pessoais e profissionais. Isso NÃO ocorre na dinâmica de grupo. Nessa, os itens "relacionamento interpessoal", "liderança", "cooperação x competição" *são mais bem observados*.

Os testes psicotécnicos, por sua vez, mostram traços como ambição, energia, equilíbrio emocional, NEM SEMPRE observados na entrevista ou nas dinâmicas de grupo. Por último, o teste prático verifica se o profissional reúne as competências e os conhecimentos técnicos necessários para o desempenho da função em questão, itens que os outros instrumentos podem demonstrar parcialmente.

Os resultados de um processo seletivo, portanto, são decorrentes de um conjunto de informações e observações, e não apenas de uma ou outra característica.

Se apenas uma dessas partes não existir, toda seleção estará comprometida.

Mesmo assim, é possível que apenas um comportamento do candidato possa excluí-lo do processo?

A resposta é SIM, é possível. Você contrataria para sua empresa:
- Profissionais que se atacassem durante uma dinâmica de grupo, desrespeitando-se mutuamente?
- Um candidato que seduzisse claramente a entrevistadora? (Essa questão cabe para ambos os sexos.)
- Um candidato que "colasse" na aplicação coletiva de um teste de personalidade?

Tenha em mente que o melhor que você tem a mostrar é *você mesmo*. Busque o autoconhecimento, o autodesenvolvimento. A segurança e sua desenvoltura virão, e tudo ficará mais fácil.

14º desafio

PARTICIPANDO DA ENTREVISTA TÉCNICA

NESSE TIPO DE ENTREVISTA o foco está centrado nas questões ligadas a seus conhecimentos, bem como nas suas experiências estritamente técnicas.

É uma entrevista que só poderá ser desenvolvida por um entrevistador com conhecimentos, no mínimo, como aqueles do seu nível profissional. Normalmente são pessoas de sua própria área de trabalho e que possuem conhecimentos iguais ou superiores ao seu.

É importante ressaltar que não há uma expectativa de que você saiba todas as respostas, nem de que você responda exatamente como nos livros ou manuais. O que há é uma expectativa quanto à sua capacidade de relacionar as informações e coordená-las de modo produtivo.

Assim, não há nenhuma necessidade de você começar uma reciclagem intensiva. Apenas retome as questões fundamentais da sua área e preocupe-se em estar atualizado. Normalmente, a leitura de publicações e de artigos de sua área é um bom método, inclusive ajudará a tranqüilizá-lo quanto a seus conhecimentos.

Outra coisa importante é a *humildade*. Você tem que ter

a capacidade de reconhecer tanto suas falhas de formação como seus defeitos (aprendizados distorcidos, condicionados e vícios), desconhecimento de termos ou de procedimentos específicos, entre outros.

Tenha em mente que, caso seus conhecimentos presentes sejam satisfatórios, existe a possibilidade de você ser o escolhido. Afinal, toda empresa sabe que há uma constante necessidade de reciclagem para todos os tipos de profissional.

Entrevista técnica com o futuro "chefe"

Esse é um tipo de entrevista que pode ter os mais variados enfoques.

Não só pelo fato de que nem sempre seu futuro superior seja um entrevistador profissional, mas também porque a posição dele permite que numa mesma entrevista ele percorra o caminho que vai do conhecimento inicial até a avaliação final.

Se o entrevistador se identificar como seu futuro "chefe", a relação ficará mais fácil e seu caminho mais definido. Contudo pode ser que estrategicamente ele não se identifique como tal. Isso indica ser ele um profissional mais experimentado em entrevistas.

Também nesse caso o que se espera de você é uma qualidade técnica e comportamental compatível com o cargo e que se expresse de forma a criar um relacionamento com o entrevistador que seja solidamente embasado em conhecimentos e, ao mesmo tempo, em experiências, resultados práticos e propostas.

Lembre-se de que um futuro "chefe" sempre terá um "perfil ideal" para o cargo e tentará identificar todas as características desse perfil em cada um dos candidatos.

Se você identificar uma situação como essa, evite adotar uma postura subserviente. Seja um profissional ativo, participativo, que não tem medo de expressar opiniões, que sabe ouvir e avaliar posições diferentes da sua e coordená-las.

Também evite assumir uma postura auto-suficiente, ou seja, de quem não precisa de comando ou de orientação. Evidencie sua capacidade de trabalhar em grupo, relacionar-se com a chefia e equacionar as necessidades de ambas as partes.

Preparando-se para a entrevista

Participar da entrevista de seleção não é difícil, mas também não é algo que possa ser simplesmente ignorado. É necessário que você se prepare para ela do mesmo modo como você se prepara para um encontro, a apresentação de um projeto ou a venda de uma idéia.

A maior parte dos profissionais, depois de passar algum tempo em uma empresa, acaba desenvolvendo certos hábitos de postura e mesmo de vestuário que nem sempre são os mais adequados, no momento, ao mercado de trabalho.

Avalie-se! Peça a opinião de pessoas próximas e procure melhorar, se for o caso.

Isto não implica trocar todo seu guarda-roupa e entrar para uma escola de boas maneiras, mas sim procurar "aparar as arestas".

Aquela barriguinha que força o botão da camisa ou da blusa, a gravata fora de moda, a meia furada, o sapato sujo ou velho, o jeito relaxado de sentar-se e outras coisas menos aparentes, como a tendência a recostar na cadeira quando fala com alguém ou mesmo certo tom autoritário, podem pesar na avaliação de um entrevistador mais exigente e perspicaz.

Aproveite esse momento de reavaliação para iniciar as mudanças que você vinha protelando.

Procure avaliar como você se comporta nos contatos profissionais e busque adequar sua forma de relacionamento com outras pessoas.

Lembre-se: o equilíbrio está em sentir-se suficientemente à vontade sem perder de vista os limites da entrevista.

Além dessa análise, você precisa preparar-se adequadamente para a entrevista, considerando as informações que serão cobradas a qualquer momento pelo entrevistador.

Vejamos então o que você precisa fazer para se preparar bem.

Recupere seu histórico profissional

Use seu currículo como um roteiro e identifique, claramente, como foram as transições (promoções, mudanças de área, de empresa etc.) e como você se saiu após cada uma delas. Reveja suas conquistas e dificuldades, relacione-as com seu momento atual, avalie seu progresso.

Identifique seus pontos fortes e fracos

Detenha-se nos pontos fracos e fortes igualmente. Uma experiência positiva tem o mesmo valor de uma negativa se ambas forem usadas para seu desenvolvimento pessoal e profissional. Mentalize positivamente: "Tenho qualidades e condições de competir em igualdade com a maioria". Reflita de forma realista: "Preciso melhorar em vários pontos".

IDENTIFIQUE-OS E VÁ À LUTA.

Pesquise a empresa

Fundamente sua análise buscando dados no mercado sobre a empresa. Leia todas as colunas de anúncios classificados, as revistas de negócios, as publicações de sua área e demais informações que julgar importantes. Converse com pessoas da área, visando levantar informações. Esteja atento às novidades. Esteja ligado no mercado. Seja honesto com você mesmo, mas não desenvolva autopiedade, auto-indulgência ou autoconfiança excessivas.

Utilize estratégias e comportamentos prévios

Qualquer que seja o tipo de entrevista ou o momento em que ela ocorra dentro do processo de seleção há algumas informações básicas que serão úteis para seu desempenho.

A. *Sentindo o ambiente* — Antes de tudo, é necessário sentir o ambiente. Isto significa que, a partir do momento em que você se colocar à disposição do entrevistador (na sala de espera, ante-sala ou até mesmo na recepção), já estará em situação de entrevista, de avaliação.

Assim, procure observar o comportamento das pessoas da empresa, o tipo de relacionamento que há entre elas, a postura dos profissionais durante o trabalho, a maneira como se vestem.

Quanto à empresa em si, observe suas instalações, condições de trabalho, organização, limpeza, enfim, a dinâmica e a estrutura que a caracteriza. Fique atento também às informações existentes em quadros de avisos ou murais. Elas poderão ser relevantes durante a entrevista.

Além disso, é muito importante que você tenha em mente que a observação desses indicadores poderá ser fundamental para sua avaliação da empresa e, claro, de seu interesse em vir a trabalhar nela.

B. *Empatia* — Outra coisa importante para a entrevista e mesmo para sua vida profissional é o uso da *empatia*. Ainda que todos saibam que empatia é a capacidade humana de se colocar no lugar do outro e, até mesmo, sentir as coisas como o outro sentiria, nem sempre é fácil usá-la em situações nas quais somos a "parte pressionada".

Em princípio, na entrevista você não comparece para ser pressionado, mas sim conhecido e analisado, portanto é possível usar sua capacidade de empatia.

Vá para a entrevista tendo em mente que, ainda que o entrevistador não seja suficientemente empático (e até mesmo antipático), você deve se colocar no lugar dele e tentar analisar e ver as coisas sob o ponto de vista dele, ou seja, ver com os olhos da empresa o problema em questão: *a contratação de um profissional.*

Isso fica fácil de entender se você imaginar uma situação na qual o entrevistador esteja sob pressão para encontrar um candidato adequado às exigências da empresa (essa pressão pode ser resultado de uma emergência, como no caso de uma seleção errada feita anteriormente, por exemplo).

Se você, candidato, não fizer um esforço para conciliar seus objetivos com a forma como o entrevistador se coloca, inevitavelmente o resultado da entrevista ficará comprometido e, conseqüentemente, sua avaliação também.

C. *Participando do "jogo"* — O fato de o candidato ser participante ativo da entrevista não implica que ele assuma a condução da entrevista. A regra fundamental é: *participar do jogo proposto pelo entrevistador.*

Muitos candidatos acabam se prejudicando por querer conduzir o entrevistador apenas para aquilo que eles acham importante que seja trabalhado na entrevista, chegando até a assumir uma postura professoral ou paternal com o entrevistador.

Assim, ainda que sua participação ativa seja importante, também o será sua percepção das necessidades reais do entrevistador e suas verdadeiras intenções em desenvolver outro tipo de entrevista.

Daí ser fundamental que você esteja preparado e disposto a participar do *jogo* do entrevistador, o que fica evidente quando, por exemplo, você é pressionado, já que, além da sua resposta, há sempre uma expectativa quanto à sua reação à pressão.

Como se comportar durante a entrevista

Há algumas regras básicas de conduta que você deve ter durante a entrevista, não importando de que tipo seja ou em que momento esteja acontecendo. Essas regras não configuram um roteiro rígido, já que algumas das fases da entrevista poderão não ser desenvolvidas ou mesmo repetidas em outra ordem.

O que importa aqui é sua postura de candidato diante do entrevistador, a relação que você deve estabelecer com ele e a empresa.

Abra-se!

A primeira impressão pode não ser a definitiva, mas ela é fundamental!

- Entre para a entrevista pronto a "abraçar" seu entrevistador e participar com ele.
- Procure deixar de lado todas as suas concepções e conceitos prévios. Não coloque barreiras para o entrevistador ou a entrevista.
- Procure demonstrar confiança e disposição. Elas se manifestam desde sua postura física até seu tom de voz. Também o aperto de mão é muito importante, desde que o entrevistador estenda a mão dele!
- Mão úmida é sinal de nervosismo, portanto você deve tentar se acalmar antes da entrevista. Lembre-se: chegue sempre pelo menos com quinze minutos de antecedência para se ambientar e acalmar.
- De qualquer forma, a maior parte dos entrevistadores sabe que a situação de entrevista gera um pouco de nervosismo e, portanto, ele não se surpreenderá com isso. Contudo também o modo como é dado o aperto de mão é importante: deve ser firme, educado, sugerindo segurança e polidez.
- Sente-se apenas após a indicação ou o convite do entrevistador

e assuma uma postura ao mesmo tempo relaxada e contida. Não cause a impressão de uma estátua ou robô sentado. Lembre-se de como você se comporta quando está na casa de alguém pela primeira vez. Esta postura social é suficientemente adequada.

Todos esses fatores são importantes, porém o mais relevante nesse momento é como você estabelecerá a relação com o entrevistador. Colocar o entrevistador num pedestal ou mesmo considerá-lo inferior são posturas que criarão inúmeras barreiras entre você e ele.

Não importa que tipo de pessoa seja, você deve assumir uma postura relacional que possibilite a troca de informações, ou seja, uma postura profissional, de igual para igual.

LEMBRE-SE: são dois profissionais selecionando. Você está escolhendo uma empresa e um cargo e o entrevistador está selecionando profissionais e perfis.

Participe!

Após os momentos iniciais, a entrevista propriamente dita estará em curso. Cabe agora a você participar dela com muito dinamismo.

Uma dica importante: *nunca se limite a ser um "respondedor de perguntas"*. Suponha que seu entrevistador inicie com uma pergunta tradicional do tipo: "Fale-me um pouco de você".

O normal é imaginar que ele queira saber alguma coisa sobre seu histórico profissional, mas nada garante isso e, mesmo que você imagine ser esse o objetivo, de que forma você deveria responder?

Tradicionalmente o que se espera é um resumo de seu histórico recente e informações sobre seu perfil.

Mas você também pode optar por uma pergunta: "Gostaria que eu falasse mais especificamente sobre minhas últimas realizações profissionais?".

Pode ser uma forma de pedir um caminho para sua resposta. Ao mesmo tempo que você se coloca disposto a responder as indagações do entrevistador, também se mostra preocupado em tornar objetivas suas respostas. Mas, para tanto, é preciso avaliar o estilo do entrevistador, identificando se ele está aberto a questões.

Informe bem!

Essa fase indica o momento (ou momentos) em que você deve transformar a relação de entrevista numa fonte de informações sobre você. De modo que, para cada pergunta, sua resposta deverá conter informações que atendam diretamente às necessidades do entrevistador, além de propiciar uma visão do seu passado profissional.

Os candidatos, na maioria, quando questionados, costumam fazer longas explanações sobre os assuntos.

EVITE ESSA POSTURA!

RESPONDA COM OBJETIVIDADE, CLAREZA E PRECISÃO.

Por exemplo, no meio de uma entrevista surge a seguinte pergunta: "Quais são suas prioridades pessoais?"

Normalmente, essa pergunta deve ter sido gerada por uma soma de informações que foram trocadas entre você e seu entrevistador, de modo que a resposta não é simplesmente listar suas prioridades, mas sim relacioná-las tanto ao que você já mencionou até aquele momento quanto às prováveis necessidades inerentes ao cargo em questão.

Com esse tipo de atitude a entrevista deixa de ser simplesmente uma relação de perguntador-respondedor para se transformar num diálogo mais rico, profundo e de cunho profissional.

Vejamos quais tipos de informação você precisa ter em mente e que serão importantes durante a entrevista. Há algumas informações tradicionais (ou mesmo óbvias) numa situação de entrevista. São elas:

- Dados pessoais: estado civil, idade, endereço, família, número de filhos, interesses etc.
- Formação: nesse item estão incluídos desde seus cursos regulares, técnicos, até treinamentos e cursos especiais de que você tenha participado. Sempre ressalte a relação entre o que você estudou e o cargo pretendido, principalmente enquanto você pode contribuir com a empresa que o entrevista.
- Experiência profissional: como já foi dito, é importante fazer um resumo, por escrito, de toda a sua vida profissional, identificando pontos positivos e negativos, conquistas e reveses, erros e acertos. É importante lembrar que erros e fatos negativos também são indicadores de sua evolução. Portanto poderão ser

cobrados pelo entrevistador ou mesmo ser usados por você como fatores que denotam sua evolução, já que a identificação de um erro passado deve estar aliada à perspectiva de não o cometer no futuro. Trabalhos acadêmicos, publicações, teses, devem ser mencionados.

- Perspectivas: pense seriamente sobre quais são suas aspirações profissionais, como você espera chegar lá, quais são seus planos a curto, médio e longo prazo, que expectativas você tem com essa nova colocação, como você espera contribuir com a empresa etc.
- Temas atuais: identifique assuntos e temas ligados ao universo do cargo que você busca, que estão em evidência. Isso reflete não só sua atualização, mas também sua percepção profissional em termos gerais.

Não tente ser um "sabe-tudo", mas também não vá para a entrevista como se fosse para uma aula.

O bom profissional tem consciência daquilo que sabe e está permanentemente buscando atualização.

Envolva!

Nessa fase, você deve procurar envolver o entrevistador com seu interesse, procurar dar a ele motivos para pensar em você como um profissional diferenciado.

As informações que você levantou para a fase anterior são muito úteis também aqui, pois, se você não assumir um papel ativo, a entrevista pode limitar-se à troca de informações de parte a parte.

Algumas entrevistas podem ser concluídas após a fase de troca de informações, ou seja, após o entrevistador ter ficado "satisfeito" com o que obteve de você em termos de seu perfil geral, que inclui dados de sua formação e experiência. Contudo você não pode ficar satisfeito apenas com isso.

Você deve mostrar mais, fornecer outros indicadores que o diferenciem como profissional. Você deve envolvê-lo, enfim. Isto você consegue formulando uma questão. Vejamos alguns exemplos:

- "Num curso de... que fiz, falava-se muito em... Há alguma iniciativa nesse sentido aqui na empresa?"
- "Eu li que várias empresas deste ramo estão fazendo investimentos em novos equipamentos. Esta também?"
- "Como é a política de treinamento da empresa? Há atividades programadas para minha futura área?"

Como dá para perceber, essas questões podem ser aplicadas em qualquer entrevista e com a maioria dos entrevistadores.

O importante é que você utilize o espaço (se lhe for dado, é claro!) da entrevista para se mostrar de forma diferenciada, colocando-se "ao lado" do entrevistador como se você já fosse trabalhar com ele.

Lembre-se: caso ele lhe conceda essa abertura, você deve aproveitá-la ao máximo.

Daí a importância de você ter em mente uma série de informações e questões que possam ser trazidas ao diálogo num momento como esse. Aquele curso que você fez há seis meses, o artigo que você leu na semana passada, a entrevista a que você assistiu na televisão ou até mesmo a discussão que você teve em casa sobre um tema qualquer (greves, situação financeira, desemprego etc.) podem conter elementos úteis relacionados com a colocação que você busca.

Supere!

Dizer *não* nesse contexto significa negar a posição ou a opinião do entrevistador. Pode parecer ainda que você está se recusando a discutir algum aspecto ligado ao cargo. Você já sabe sobre o poder da expressão "não".

Estratégica e diplomaticamente, permita que o entrevistador manifeste suas opiniões, por mais absurdas que elas lhe pareçam. Não se contraponha a elas, simplesmente admita-as como possíveis, mas não se furte de dar sua opinião, inclusive questionando as do entrevistador, se for o caso.

Também não se negue a discutir qualquer aspecto teórico ou prático do seu trabalho: mostre-se flexível, o que não significa abrir mão de seus interesses e princípios.

Afirme seu ponto de vista com cuidado, mas seja suficientemente flexível para admitir outros pontos de vista, sobretudo aquele expresso pelo seu entrevistador.

Mas vejamos que tipos de intervenção ou pergunta podem criar esse tipo de situação:

- "Você se mudaria para Porto Alegre a fim de conseguir esse cargo?" — Se não está nos seus planos, diga, mas não se negue a discutir a possibilidade, levantando questões sobre as condições (não só financeiras) para tanto.
- "Você admitiria trabalhar sem registro em carteira?" — Expresse sua opinião de modo flexível, mas baseado nos seus princípios; não barganhe para conseguir o cargo.
- "Você não acha que está sendo pretensioso (a)?" — Provavelmente você se expressou de forma inadequada ao menos sob a ótica do entrevistador. Considere a possibilidade e se mostre disposto a rever suas opiniões.
- "Infelizmente, parece que você está acima de nossas necessidades; suas qualificações são excessivas e me causarão problemas." — Procure demonstrar sua adaptabilidade ou suas necessidades de aperfeiçoamento. Não deixe uma impressão supervalorizada. Traga elementos que reforcem a possibilidade do seu aproveitamento, a sua disposição em cooperar e aprender.
- "Você me parece pouco religioso. A empresa dá preferência a profissionais que tenham vida religiosa praticante." — Traga o foco para o profissional, não se predisponha a mudar ou vestir o "hábito", mas não se coloque como um "ateu fanático".
- "Você informou em seu currículo que seu inglês é intermediário. Podemos continuar essa nossa entrevista em inglês?" — Nessa hora aja normalmente e participe da entrevista fazendo uso dos seus conhecimentos da língua inglesa ou de outro idioma, se for o caso.

Como já enfatizei algumas vezes, evite colocar informações em seu currículo sobre as quais você não tem pleno domínio. Omitir informações é bem melhor que mentir.

Esses são apenas alguns exemplos. O importante é que você tenha em mente a necessidade de superar obstáculos de modo produtivo.

Conclua!

Se a entrevista deve ser encarada como uma relação profissional, você deve se preocupar com sua conclusão. Feche um ciclo definido. Este ciclo varia de entrevista para entrevista, já que um primeiro contato pode ser concluído muito mais rapidamente do que uma segunda entrevista, por exemplo.

O importante é que você tenha em mente os limites do entrevistador e os limites que ele criou para aquela entrevista em particular.

Se você desenvolveu uma boa relação com ele durante a entrevista, será fácil identificar os limites impostos.

Lembre-se de não desconsiderar a presença do entrevistador: muitos candidatos esquecem que estão falando para alguém e se perdem em divagações inúteis ao processo.

Se a entrevista propiciou o desenvolvimento de temas mais profundos, a probabilidade de que você se empolgue é maior ainda. Assim, não perca de vista que o objetivo é ser adequado aos olhos do entrevistador.

Como as entrevistas habitualmente costumam durar cerca de *uma hora*, controle o tempo para que você tenha dimensão do ponto em que a entrevista está, de modo a ter tempo disponível para colocar aspectos importantes da sua vida profissional.

Se perceber que ela se encaminha para o final (e você vai perceber), procure comprometer-se com o processo. "Esse nosso contato está sendo muito produtivo e interessante, espero poder voltar a conversar com você", é uma boa forma de mostrar ao entrevistador seu interesse quanto ao cargo, à entrevista em si e ao restante do processo seletivo.

Caso o entrevistador dê espaço, e se nada houver sido dito antes, questione-o quanto ao resto do processo, não de forma incisiva, mas demonstrando-se entusiasmado e interessado.

Finalmente, espere pela indicação dele de que a entrevista está concluída e preocupe-se em deixar uma imagem final tão ou mais positiva do que aquela que você criou no início.

Agradecer a oportunidade e a atenção é uma forma, ao mesmo tempo profissional e gentil, de se despedir e pode, até mesmo, incluir o tradicional "espero que possamos voltar a conversar".

Em resumo

- Prepare-se adequadamente para a *entrevista*.
- Sinta o ambiente, observe atentamente e "sintonize-se".
- Seja empático, simpático e ativo.
- Deixe o entrevistador estabelecer as regras da entrevista.
- Adote uma postura aberta, espontânea e tenha atitudes positivas.
- Procure descobrir as expectativas do entrevistador.
- Dê informações adequadas ao entrevistador.
- Cuide do conteúdo da entrevista.
- Supere os obstáculos para que a entrevista flua produtivamente.
- Informe e enfatize seus talentos e como eles poderão ser úteis a essa empresa.

A entrevista técnica é, praticamente, a última fase do processo seletivo. Caso haja algum tipo de "empate" entre alguns candidatos, normalmente o conhecimento e o domínio de uma língua estrangeira, um curso de pós-graduação, uma experiência bem-sucedida servirão para a escolha do melhor candidato.

PORTANTO, NÃO PERCA TEMPO E ATUALIZE-SE.

Seguem algumas dicas que, se observadas, facilitarão seu desempenho durante uma entrevista, seja ela preliminar ou técnica:

DICAS PARA AMBOS OS SEXOS

- *Procure* obter informações antecipadamente sobre a empresa na qual você será entrevistado.
- No dia anterior à entrevista, *procure dormir cedo* para não chegar com ar de cansado. Dormir tarde pode atrapalhar seu raciocínio, prejudicando a entrevista.
- *Evite* fumar pelo menos duas horas antes da entrevista, durante e quando estiver saindo dela. Caso o entrevistador fume ou ofereça a você, *não aceite*, pois poderá ser mais um teste.
- Seja *pontual*. Procure chegar dez a vinte minutos antes da hora marcada.
- *Sinta a empresa.*

- *Fale sempre a verdade*, pois no decorrer da entrevista você poderá entrar em contradição.
- Caso use, *deixe* o piercing em casa e cubra as tatuagens.
- *Evite* colocar os cotovelos ou as mãos sobre a mesa do entrevistador.
- *Procure* não desviar o olhar quando questionado pelo entrevistador, pois isso pode demonstrar falta de atenção, insegurança ou mesmo que você está faltando com a verdade.
- *Deixe* chicletes e balas para depois da entrevista.
- *Fale em tom de moderado para baixo* e pausadamente (com tranqüilidade).
- *Sente-se de forma adequada* na cadeira da empresa. Tanto fora quanto dentro da sala do entrevistador, mantenha a postura.
- *Nunca* fale gírias ou palavrões ou fale mal da(s) empresa(s) ou do(s) chefe(s) anterior(es).
- *Escute* o entrevistador até o final. Não o interrompa.
- *Seja* objetivo, responda só o que lhe for perguntado.
- *Evite* dar ênfase a um único assunto, salvo se solicitado.

Dicas para os homens

- *Use* ternos escuros, de preferência preto ou azul-marinho, ou calça escura e camisa social clara, bem passadas;
- *Use* sapatos engraxados. Não use tênis, sandália nem chinelo;
- *Faça* ou *apare* sua barba;
- *Use* cabelos curtos, limpos e penteados. Caso você tenha cabelos longos, mantenha-os penteados e presos;
- *Use* gravatas sóbrias, sem desenhos infantis;
- *Use* meias escuras, preferencialmente pretas ou da cor da calça;
- *Evite* o uso de boné ou chapéu.

Dicas para as mulheres

- *Use* maquiagem leve;
- *Use* roupas discretas;
- *Nunca use* minissaia;

- *Evite* roupas muito decotadas;
- *Pinte* as unhas com esmalte de cor discreta;
- *Use* colônia com odor leve e discreto;
- *Use* acessórios discretos (brincos, pulseiras, anéis).

PREPARE-SE PARA O DIA DA ENTREVISTA! Essa preparação poderá ser fundamental para seu sucesso

- Apresente-se vestido com cuidado e discrição.
- Evite uma postura arrogante e exageradamente confiante ou uma postura muito "humilde" e subserviente.
- Evite impressionar o entrevistador, falando exageradamente de suas qualidades e feitos.
- Controle sua ansiedade caso o entrevistador aborde assuntos ou temas que você não julga os mais pertinentes.
- Use da empatia no caso de um possível entrevistador pouco qualificado. Atue de modo produtivo e profissional.
- Procure ressaltar suas realizações, mas de forma adequada ao ritmo do entrevistador.

Encare essa experiência como parte do seu processo de desenvolvimento profissional!

15º *desafio*

PARTICIPANDO DO PROCESSO SELETIVO PELA INTERNET

ALGUMAS EMPRESAS, COM O INTUITO DE DEMONSTRAR a modernidade que experimentam nas suas relações com o mercado, ou mesmo com o objetivo de reduzir custos com a contratação de novos colaboradores, desenvolvem parte do processo seletivo pela internet.

Essa é uma tendência que cresce dia a dia.

A sistemática é, basicamente, a mesma, com a diferença que todo o contato é *virtual*, ou seja, através da tela de um computador. Assim, você passará pelas fases já descritas sem manter nenhum relacionamento pessoal com seu selecionador, iniciando pelo preenchimento de uma *ficha virtual de recrutamento*.

É nessa *ficha virtual* que lhe será solicitado, entre outras coisas, seu e-mail. A partir daí, as demais fases do processo seletivo serão agendadas diretamente no computador.

Você responderá aos diversos tipos de teste propostos que são realizados em tempo real. Os candidatos que, segundo os critérios da empresa contratante, apresentarem melhor desempenho e perfil profissional mais perto do esperado, poderão ser convidados a participar de *dinâmicas de grupo* e de *entrevistas técnicas* finalizando, dessa forma, o processo seletivo pela internet. As demais fases seguirão o modelo aqui descrito.

16º desafio

PREPARANDO-SE PARA O PRIMEIRO DIA DE TRABALHO

Vimos todo o processo de seleção com suas principais características e dificuldades. Vimos também a importância da motivação, da auto-estima, da vontade e da perseverança na conquista de sua meta: o emprego.

Espero que você se saia bem e venha a ser contratado por uma boa empresa. Que ela venha ao encontro de seus objetivos pessoais e profissionais e lhe dê as oportunidades de desenvolvimento conforme suas estratégias traçadas para o futuro.

Mas o que ocorrerá a partir do momento em que você for selecionado? O que acontecerá no dia seguinte?

A primeira informação que você receberá é: "APRESENTE-SE NO DEPARTAMENTO PESSOAL COM SEUS DOCUMENTOS". Bem, vamos a outras informações importantes:

As rotinas e as relações trabalhistas

Para que você saiba o que acontecerá com você em caso de contratação, bem como para que tome conhecimento das rotinas trabalhistas, descrevo as principais relações entre *empresa* e *empregado*. Muitas delas já foram arduamente entendidas por você, mas não custa repetir, sob o ponto de vista da empresa que irá contratá-lo. Vamos a elas.

Para desenvolver suas atividades, uma empresa precisa de pessoas. Essas pessoas, que constituem os recursos humanos, são muito importantes para que a empresa possa atingir seus objetivos.

A empresa será tão mais eficiente quanto mais eficientes forem as pessoas que a compõem.

De nada adianta a empresa dispor de ótimos recursos materiais (máquinas, equipamentos, dinheiro etc.) e de excelentes recursos técnico-administrativos (formulários, documentos etc.), se não possuir recursos humanos capacitados e *incentivados* para utilizá-los.

Para conseguir bons recursos humanos, a empresa normalmente recruta e seleciona pessoas com aptidões desejadas (*perfil profissional*); desenvolve essas aptidões individuais mediante programas de treinamento; "motiva" os empregados por meio de incentivos.

O setor responsável por essas atividades normalmente é chamado de gerência ou departamento de recursos humanos; departamento de pessoal; seção de pessoal, entre outros.

A opção pelos nomes acima apresentados fica a critério da empresa, de acordo com sua dimensão e seu sistema de divisão, também conhecido por organograma. Normalmente, o setor de recursos humanos é subdividido em outros com características próprias e com profissionais especialistas. São eles:

Recrutamento

Recrutamento é o setor que *busca* os recursos humanos para suprir as necessidades da empresa. Antes de iniciar o recrutamento, a empresa precisa definir as características (*perfil profissional*) do empregado que deseja contratar. Entre essas características, para relembrar, destacam-se: idade, escolaridade, experiência na atividade etc.

Existem vários meios de executar o recrutamento: anúncios em classificados de jornais, revistas; jornais de concursos; indicações dos próprios funcionários da empresa; rádio e TV; cartazes na frente da empresa; folhetos; utilização de agências de emprego; procura em escolas e faculdades; consultorias especializadas; internet.

Seleção

O objetivo da seleção é *escolher, selecionar* a pessoa mais adequada para preencher uma vaga. Como já vimos, em geral as empresas utilizam os seguintes instrumentos para selecionar seus empregados: formulários de solicitação de emprego; análise de currículo; entrevistas; testes; entrevistas técnicas; internet.

Caso você vá pessoalmente a uma empresa, o primeiro contato com ela se dará através de um *formulário de solicitação de emprego*. Este formulário poderá ainda estar disponível em um terminal de computador. Por isso, mantenha sempre seus documentos em ordem.

O segundo contato dar-se-á na *entrevista de seleção*, cujo objetivo é conhecer suas características como candidato. Recapitulando, para isso farão perguntas abordando, basicamente, os seguintes aspectos:

- *Vida profissional* — Para verificar se você já trabalhou; quantas vezes mudou de emprego e quais os motivos da mudança; sua experiência profissional ou se busca o primeiro emprego.
- *Vida escolar* — Para verificar se você estuda, se parou de estudar e, se for o caso, por que isso ocorreu; se pretende continuar estudando; quais matérias de que mais gosta; se você fez algum curso de idiomas, de informática, entre outros.
- *Pretensões profissionais* — Para verificar o que você espera da empresa e o que pretende dar em troca.
- *Vida familiar e social* — Para verificar seu relacionamento com sua família e amigos; seus principais interesses: esporte, música, leitura, cinema, teatro etc.

Mediante a entrevista, não é possível checar quais são suas aptidões. Essa verificação será feita, posteriormente, por meio de *testes*. Os *testes* procurarão saber se você possui aptidões para exercer determinada função.

Para verificar, por exemplo, se você possui aptidões para atuar na área de *pessoal*, poderão ser utilizados os seguintes testes:

- Redação de um texto: para verificar se você redige de forma compreensível e correta;
- Exercícios aritméticos: para verificar se você sabe solucionar

questões e problemas com a utilização das quatro operações e de cálculos de percentagem e juros, entre outros;
- Questões de conhecimentos gerais;
- Conhecimentos básicos de informática e utilização de equipamentos;
- Testes psicológicos: esse tipo de teste exige a participação de um psicólogo no processo de seleção. Os testes psicológicos são optativos. Procurarão verificar, principalmente, suas aptidões mentais, isto é, a inteligência, a memória e a atenção.

Posteriormente, você poderá ser submetido a mais uma modalidade de teste: *dinâmicas de grupo*, bem como participar de uma entrevista mais específica, a entrevista técnica.

Treinamento

O treinamento consiste em *transmitir* aos empregados os conhecimentos necessários ao desempenho da sua nova função.

Os principais tipos de treinamento são:

- TREINAMENTO DE AMBIENTAÇÃO OU INTEGRAÇÃO DE NOVOS FUNCIONÁRIOS AO TRABALHO

O treinamento de ambientação é dado ao empregado logo após sua admissão. Seu objetivo é informar o novo funcionário sobre os diferentes aspectos da organização da empresa.

Um programa de treinamento de ambientação deve abranger os seguintes aspectos: apresentar o novo empregado aos colegas; divulgar o histórico da empresa: fundação, desenvolvimento, estágio atual, sistema de organização; apresentar-lhe as chefias superiores; informá-lo sobre os benefícios sociais e recreativos que a empresa oferece; informá-lo sobre normas internas; informá-lo sobre planos de metas, planos de cargos e salários, planos de benefícios; visitas de integração em todos os setores da empresa.

- TREINAMENTO ESPECÍFICO

É o treinamento que procura preparar o empregado para exercer determinada função na empresa.

O treinamento específico de um novo funcionário para o departamento pessoal, por exemplo, deve transmitir conhecimentos relativos a toda atividade desempenhada por esse setor.

Processo de admissão

Para que se faça possível a sua admissão, torna-se indispensável que você possua e apresente, no departamento pessoal, a seguinte documentação, obrigatória, conforme normas do Ministério do Trabalho:

DOCUMENTOS OBRIGATÓRIOS

- CTPS (Carteira do Trabalho e Previdência Social);
- Atestado Médico admissional (expedido por médico do trabalho);
- No mínimo uma foto 3 x 4 cm (será anexada ao livro ou ficha de registro de empregados).

Além desses documentos obrigatórios, serão solicitados outros documentos, acessórios, para sua total identificação, e que serão úteis para o preenchimento do livro ou ficha de registro de empregado:

- CPF;
- Certificado de Reservista (para homens com mais de 18 anos);
- Título Eleitoral (para pessoas com mais de 16 anos);
- Carteira de Identidade, entre outros.

Contrato de trabalho

Sua admissão na empresa deverá ser formalizada através da celebração de um contrato de trabalho.

Esse contrato pode se dar da seguinte forma:

Contrato de experiência

É um contrato de trabalho com um período de vigência preestabelecido, sendo o máximo previsto em lei por noventa dias, podendo haver somente uma prorrogação.

- *Exemplo 1*:
Contrato de experiência = 45 dias
Prorrogação = 45 dias
Total = 90 dias

- *Exemplo 2*:
Contrato de experiência = 30 dias
Prorrogação = 30 dias
Total = 60 dias

No primeiro exemplo atingimos o máximo em vigência de contrato de experiência: noventa dias, com uma prorrogação.

No segundo exemplo não atingimos o máximo de vigência de contrato de experiência, mas, como é permitida somente uma prorrogação, o prazo máximo, nesse caso, é sessenta dias.

Contrato por prazo indeterminado
É um contrato em que não existe período de vigência preestabelecido.

Normalmente, quando acaba a vigência do contrato de experiência e, não havendo a dispensa por parte do empregador nem o desejo de ser dispensado por parte do empregado, entra-se no período de contrato por tempo indeterminado.

A maioria das empresas celebra contratos coletivos de trabalho com o sindicato ou sindicatos que representam os funcionários.

Exames médicos

Todos os empregados devem realizar, obrigatoriamente, os seguintes exames médicos:

- Admissional;
- Revisional;
- Demissional;
- De retorno ao trabalho;
- De mudança de função.

No momento da sua contratação, você será submetido ao *exame admissional*, que engloba alguns exames médicos, realizados pelo médico do trabalho e que vão desde exames de vista, dentários, até exames específicos para sua nova função, portanto esteja preparado.

Abaixo, descrevo outras informações que acredito relevantes para seu conhecimento e melhor preparo na busca de uma colocação no mercado de trabalho.

Fundo de Garantia do Tempo de Serviço (FGTS)

A criação do FGTS (Fundo de Garantia do Tempo de Serviço) ocorreu com o objetivo de substituir a indenização e eliminar a estabilidade do empregado, que poderá ser demitido a qualquer tempo, pois já tem sua indenização depositada no FGTS.

A partir da Constituição de 1988, todo empregado admitido já tem assegurado o direito aos depósitos do FGTS, não havendo mais a necessidade de opção pelo Fundo.

O recolhimento mensal é obrigatório e deve ser feito pelo empregador a favor do empregado, nas agências da Caixa Econômica Federal ou em banco de sua livre escolha. Os depósitos são efetuados em conta vinculada individual, sendo a Caixa Econômica Federal gestora do FGTS.

Fundo de Participação PIS/Pasep

O Fundo de Participação PIS-Pasep é resultante da unificação dos fundos constituídos com recursos do Programa de Integração Social (PIS) e do Programa de Formação do Patrimônio do Servidor Público (Pasep). Essa unificação foi estabelecida pela Lei Complementar nº 26/1975, com vigência a partir de 1º/07/1976, e regulamentada pelo Decreto nº 78.276/1976.

Os objetivos do PIS e do Pasep são: integrar o empregado na vida e no desenvolvimento das empresas; assegurar ao empregado e ao servidor público o usufruto de patrimônio individual progressivo; estimular a poupança e corrigir distorções na distribuição de renda; possibilitar a paralela utilização dos recursos acumulados em favor do desenvolvimento econômico-social.

Com a promulgação da Constituição Federal, em 1988, esses objetivos foram modificados pelo art. 239, vinculando-se a arrecadação do PIS-Pasep ao custeio do seguro-desemprego e do abono aos empregados com média de até dois salários mínimos de remuneração mensal.

Apesar de a Lei Complementar nº 26, de 11 de setembro de 1975, estabelecer a unificação dos fundos PIS e Pasep, esses programas têm patrimônios distintos e como agentes operadores o Banco do Brasil S.A. e a Caixa Econômica Federal, além do Banco Nacional de Desenvolvimento Econômico e Social, encarregado da aplicação dos recursos do Fundo.

Processo de demissão do empregado

A demissão significa rescisão do contrato de trabalho entre o empregador e o empregado. A rescisão do contrato poderá ocorrer nos seguintes casos:

- Por pedido de dispensa;
- Por acordo (para empregados não optantes pelo FGTS, anteriores à Constituição de 1988);
- Por dispensa sem justa causa;
- Por dispensa por justa causa;
- Por término de contrato.

Aviso prévio

De acordo com a CLT e a Constituição de 1988, a parte que, sem justo motivo, quiser rescindir o contrato de trabalho deverá avisar a outra de sua resolução com antecedência mínima de trinta dias.

A falta de aviso prévio dá ao empregado o direito do salário relativo a esse período, bem como a integração deste a seu tempo de serviço. Já a falta de aviso prévio por parte do empregado dá ao empregador o direito de descontar-lhe o referido período.

Rescisão do contrato de trabalho

A rescisão do contrato de trabalho deve ser efetivada mediante o TRC (Termo de Rescisão do Contrato de Trabalho), documento padronizado e obrigatório de acordo com a legislação em vigor.

Homologação

A homologação da rescisão contratual é obrigatória no caso de empregados com mais de doze meses de serviços prestados quando de sua rescisão do contrato de trabalho. A homologação compreende a assistência, por parte do sindicato de classe do empregado ou órgão do Ministério do Trabalho, no ato rescisório.

Seguro-desemprego

O empregado demitido sem justa causa que permanecer desempregado após o saque do FGTS encaminhará a sua CD (Comunicação de Dispensa) ao órgão do SINE ou ao Ministério do Trabalho.

O seguro-desemprego poderá ser recebido em até cinco parcelas mensais, caso o trabalhador permaneça desempregado por todo esse período.

Como você já viu, existem vários momentos na busca de uma colocação no mercado de trabalho.

Dentre os mais importantes está aquele após sua aprovação no processo seletivo: o momento da assinatura do seu contrato profissional e início efetivo das suas atividades na nova empresa.

17º desafio

COMO SE RELACIONAR NA NOVA EMPRESA

DETERMINADOS O DIA E O HORÁRIO, lá vai você todo produzido para a porta da empresa e aí começam as surpresas e as novas descobertas. A mais complexa, entre tantas outras, é a da sua inserção no novo grupo de trabalho.

Aqui vão alguns conceitos para que você passe por essa fase de modo brilhante e seja bem recebido e "aceito" em seu novo ambiente de trabalho.

Vamos abordar, basicamente, os conceito de *Motivação*, *Frustração* e *Movimento* no trabalho, a partir de uma análise das necessidades humanas e dos *Incentivos* que uma empresa oferece, buscando com isso sua maior produtividade. Para que você possa se situar no tema, iniciaremos com a Teoria das Relações Humanas.

Teoria das Relações Humanas

A Teoria das Relações Humanas foi desenvolvida a partir de um movimento de reação e de oposição à Teoria Clássica de Administração. Essa teoria propôs fazer uma correção às tendências de desumanização do trabalho com a adoção de métodos rigorosos, científicos e precisos aos quais, forçosamente, os trabalhadores deveriam se submeter. Nesse sentido, a Teoria das Relações Humanas, criada nos Estados Unidos da América, se revelou um movimento tipicamente norte-americano e voltado para a democratização dos conceitos administrativos (Idalberto Chiavenato, 1981). A Teoria das Relações Humanas preocupou-se intensamente com o *esmagamento do homem pelo arrojado desenvolvimento da civilização industrializada.*

Entre outras observações importantes, o progresso industrial foi acompanhado do surgimento espontâneo da cooperação. Todos os métodos de trabalho tendiam para a eficiência e a quantidade produzida e nenhum método contemplava a *cooperação* entre trabalhadores em seus diversos níveis hierárquicos. A partir das observações de que os trabalhadores poderiam desenvolver suas tarefas de modo mais eficaz se estas fossem organizadas e hierarquizadas, alguns estudiosos passaram a defender os seguintes argumentos:

- Trabalho é uma atividade tipicamente grupal!
- Trabalhador não reage como indivíduo isolado, mas como membro de um grupo social! Outra constatação: as mudanças tecnológicas, contudo, tendem constantemente a romper os laços informais de camaradagem e de amizade no trabalho. O ser humano é motivado essencialmente pela necessidade de "estar junto", de "ser reconhecido", de "receber adequada comunicação". A organização eficiente, por si só, não leva à melhor produção: a organização eficiente é incapaz de elevar a produtividade se as *necessidades psicológicas* do indivíduo não forem satisfeitas.

Os indivíduos dentro da organização participam de grupos sociais e mantêm-se em constante interação social. A organização eficiente não motiva o indivíduo, e sim o incentiva a alcançar objetivos. Para poder explicar e justificar o comportamento humano nas organizações, a Teoria das Relações Humanas passou a estudar intensamente essa interação social. A partir daí, adotou-se por conceito de Relações Humanas o *conjunto de ações e atitudes desenvolvidas pelos contatos entre pessoas e grupos.*

Cada indivíduo é uma personalidade altamente diferenciada, que influi no comportamento e nas atitudes dos outros. Cada indivíduo procura ajustar-se a outros indivíduos e a outros grupos definidos, pretendendo *ser compreendido, bem aceito*, e participar, no sentido de atender a seus interesses e aspirações mais imediatas.

Seu comportamento é influenciado pelo meio ambiente, pelo clima organizacional e pelas várias atitudes e normas informais existentes nos vários grupos com os quais mantém contato. A pretensão de ser compreendido pelos outros e de ser bem aceito são anseios intrínsecos, ou seja, do próprio indivíduo, e estes anseios, entre outros que veremos mais adiante, são conhecidos como *Necessidades Humanas Fundamentais*. A Teoria das Relações Humanas constatou a existência de certas *necessidades humanas fundamentais* e verificou que o comportamento humano é determinado por causas que, às vezes, escapam ao próprio entendimento e controle do homem.

Essas causas são chamadas de *necessidades* ou *motivos* (forças conscientes ou inconscientes que levam o indivíduo a um determinado comportamento observável).

A *motivação* refere-se a um comportamento causado por *necessidade* gerada *dentro do indivíduo (intrínseca)* dirigido para objetivos que possam satisfazer essa necessidade. Assim, o homem passou a ser considerado um ser dotado de necessidades que se alternam ou se sucedem conjunta ou isoladamente. Satisfeita uma necessidade, surge outra em seu lugar, e assim sucessivamente. *As necessidades motivam o comportamento humano, dando-lhe direção e conteúdo.* Ao longo da sua vida, o homem evolui por *três níveis ou estágios de motivação*. À medida que vai crescendo e amadurecendo, vai ultrapassando os estágios mais baixos e desenvolvendo necessidades de níveis gradativamente mais elevados. As diferenças individuais influem quanto à duração, intensidade e possível fixação em cada um desses estágios. Os três níveis ou estágios de motivação correspondem às necessidades: *fisiológicas, psicológicas* e de *auto-realização*. As *necessidades fisiológicas* ou *vegetativas* são as chamadas necessidades vitais, relacionadas à sobrevivência do indivíduo. São inatas e instintivas. Situadas no nível mais baixo, são também comuns nos animais e podem ser periódicas e cíclicas. As principais necessidades fisiológicas são: alimentação, ir ao banheiro, sono, exercício físico, satisfação sexual, abrigo, sentir frio ou calor, proteção.

Se um indivíduo tem *fome* procura *alimento*; porém, quando come regularmente, a fome deixa de ser uma necessidade importante. As necessidades fisiológicas podem ser satisfeitas por antecipação, sem mesmo atuarem sobre o comportamento humano.

Assim, a vida moderna, com os horários das refeições, de sono, bem como a adequação de vestuário etc., permite que essas necessidades passem a ser controladas pelo cotidiano, sem que cheguem a influenciar no comportamento. Contudo, à medida que, por qualquer eventualidade, o indivíduo deixa de satisfazê-las, elas passam a atuar com intensidade extremamente forte. As *necessidades psicológicas* são exclusivas do homem, aprendidas e adquiridas no decorrer da vida. Elas representam um padrão mais elevado e complexo de necessidades e são raramente satisfeitas em sua plenitude. O homem procura indefinidamente maiores satisfações dessas necessidades, que vão se desenvolvendo e se sofisticando gradativamente. Dentre as necessidades psicológicas temos:

NECESSIDADE DE SEGURANÇA ÍNTIMA, que leva o indivíduo à autodefesa. À procura de proteção contra o perigo, a ameaça etc.

NECESSIDADE DE PARTICIPAÇÃO, a necessidade de fazer parte, de ter contato humano e participar conjuntamente. A aprovação social, o reconhecimento do grupo e a necessidade de calor humano, de fazer parte, de dar e receber amizade são reunidos neste grupo de necessidades, que levam o homem a viver em grupo e socializar-se.

Dentro do grupo social existem simpatia e antipatia. Dependendo da maneira como essa necessidade é satisfeita ou não nos diversos indivíduos, poderá haver importantes mudanças de comportamento.

NECESSIDADE DE AUTOCONFIANÇA E DE AUTO-ESTIMA, decorrente da auto-avaliação de cada indivíduo. Refere-se ao auto-respeito e à consideração que o indivíduo tem para consigo mesmo.

NECESSIDADE DE AFEIÇÃO, que pode ser resumida pela necessidade de amor e carinho.

NECESSIDADE DE AUTO-REALIZAÇÃO OU STATUS. São produtos da educação e da cultura. Também elas, como as necessidades psicológicas, são raramente satisfeitas em sua plenitude, pois o homem vai procurando, gradativamente, maiores satisfações e estabelecendo objetivos mais sofisticados. A necessidade de auto-realização ou a busca de status social é a síntese de todas as outras necessidades. É o impulso que cada um tem que dar para realizar seu próprio potencial, de estar em contínuo desenvolvimento. Mas qual a relação entre as necessidades humanas e a motivação e meu dia-a-dia na empresa? *Motivação.*

Ainda hoje compreender a motivação humana tem sido um desafio para muitos administradores e até mesmo psicólogos. Várias pesquisas têm sido elaboradas e diversas teorias têm tentado explicar o funcionamento dessa força que leva as pessoas a agir em prol do alcance de objetivos ou da satisfação das suas necessidades. Analisando as pesquisas recentes referentes ao assunto, percebemos que existe ainda muita confusão e desconhecimento sobre *o que é* e *o que não é motivação*. Vemos ainda que a motivação é quase sempre relacionada ao desempenho positivo. Mas será que isso é verdade? Ao longo de vários anos, observando, estudando, perguntando e redigindo, os pesquisadores passaram a acreditar que, quando uma pessoa se põe a caminho de um objetivo, ela não necessariamente está motivada a atingir esse objetivo. Como já vimos, os fatores que a levam a caminhar no sentido de satisfazer suas necessidades ou em uma determinada direção podem ser intrínsecos ou extrínsecos. *Quando são intrínsecos, há motivação. Quando são extrínsecos, há apenas movimento.* Nas empresas, o fato é que, muitas vezes, uma pessoa sente-se levada a fazer algo para *evitar uma punição* ou para *conquistar uma recompensa.*

Entretanto, em ambos os casos, a iniciativa para a realização da tarefa não partiu dela própria, mas de um terceiro, que a *estimulou* para que ela se *movimentasse* em direção ao objetivo pretendido.

A pessoa não teria caminhado em direção ao objetivo caso não houvesse a *punição* ou a *recompensa.* As pessoas podem também agir levadas por um *impulso interno,* por uma necessidade interior. Neste caso, existe vontade própria para alcançar o objetivo, *existe motivação,* que pode ser transformada em movimento permanente. Aliás, é isso o que as organizações produtivas buscam.

Porém, na maioria das vezes, o que se vê é a aplicação de técnicas de estímulo ao movimento *imediatista.* O movimento é uma situação passageira. Só dura enquanto persistirem os estímulos que o geraram. Além disso, a eliminação dos estímulos normalmente provoca insatisfação e um comportamento indesejável. São as famosas frustrações no trabalho que, com freqüência, levam ao baixo desempenho, à baixa produtividade e, conseqüentemente, à perda do emprego.

Vamos nos deter um pouco no estudo deste impulso interno, para entendermos a relação entre as Necessidades Humanas e a Motivação e como ocorre o fenômeno da frustração. Segundo Chiavenato, "*Motivação, no sentido psicológico, é a tensão (impulso interno) persistente que leva o indivíduo a alguma forma de comportamento, visando a satisfação de uma ou mais necessidades*". Em linhas gerais, o organismo humano permanece em equilíbrio psicológico até que um estímulo o rompa e crie uma necessidade. A tensão conduz a um comportamento ou movimento (ação) capaz de atingir alguma forma de satisfação daquela necessidade. Uma vez satisfeita, o organismo retorna ao seu estado de equilíbrio até que outro estímulo sobrevenha.

Entretanto, nem sempre a satisfação de uma determinada necessidade é obtida. Pode existir uma barreira ou um obstáculo para o alcance de sua satisfação. Toda vez que alguma satisfação é bloqueada por alguma barreira ocorre a *frustração*.

> TODA SATISFAÇÃO É, BASICAMENTE, UMA LIBERAÇÃO OU DESCARGA DE TENSÃO QUE PERMITE O RETORNO AO EQUILÍBRIO.

Havendo frustração, a tensão existente não é liberada e seu acúmulo provoca desequilíbrio que pode ser observável pela insatisfação.

Por outro lado, o ciclo da motivação apresenta uma solução: *a compensação* ou *transferência*.

Ocorre a compensação ou transferência quando uma pessoa tenta satisfazer uma necessidade difícil de ser satisfeita através da satisfação de outra, diminuindo a mais importante, reduzindo ou evitando a frustração. Dessa forma, *toda necessidade humana pode ser satisfeita, frustrada ou transferida*. Para as *Necessidades Fisiológicas*, os objetivos são relativamente fixados e quase não possuem substitutos: a fome só se satisfaz com a alimentação: a sede, somente com a ingestão de líquidos.

Para as *Necessidades Psicológicas* e de *Auto-Realização*, os objetivos são mais flexíveis e possibilitam transferências e compensações. Assim, a necessidade de prestígio pode ser satisfeita pelo sucesso profissional, pelo poder do dinheiro, pela conduta atlética; o status, pela participação em um clube de renome, pela aquisição de um cartão de crédito, de um carro do ano, entre outros.

Quando a necessidade não é satisfeita ou transferida dentro de um prazo razoável, ela passa a ser motivo de frustração, e a frustração pode levar a certas reações generalizadas, a saber:

Desorganização do comportamento — A conduta do homem frustrado pode tornar-se repentinamente ilógica e sem explicação coerente.

Agressividade — O homem frustrado pode se tornar agressivo. A liberação da tensão pode ocorrer através da agressividade física, verbal etc.

Reações emocionais — A tensão retida pela não satisfação da necessidade pode provocar reações como ansiedade, aflição, estado de intenso nervosismo ou ainda outras conseqüências como insônia, distúrbios circulatórios, distúrbios digestivos, depressão etc.

Alienação e apatia — O desagrado diante da não satisfação de uma necessidade pode ocasionar reações de alienação, de indiferença e de desinteresse pelo alcance dos objetivos frustrados, como forma ou mecanismo de defesa do ego. O mesmo princípio pode ser relacionado ao "ciclo da motivação" existente dentro de uma empresa. Como vimos, a empresa gera estímulos para que você se movimente em busca de objetivos que venham representar maior produtividade e, como conseqüência, maiores lucros. Para que isso seja possível, você deverá se inserir no novo grupo organizacional, fazer de tudo para ser bem aceito, aceitar os demais membros, adotar as normas internas e procedimentos administrativos, em síntese, "vestir a camisa". Nos seus primeiros dias na nova empresa isso até será simples, dependendo de como seu *Programa de Integração à Empresa e ao Trabalho* foi planejado e executado. Uma dica importante: *adote como padrinho* o profissional que realiza sua integração e o apresenta aos novos colegas de trabalho. Com o passar dos dias seu relacionamento com pessoas e grupos já estará se dando de modo mais intenso, com trocas de experiências, e exatamente nesse momento poderão surgir os primeiros sintomas de insatisfação. A antipatia por alguém, o sentimento de que alguém não o aceita bem no grupo, sua chefia que não "sabe" dar ordens, o porteiro que implica com você todos os dias, a inflexibilidade de horário etc. podem desencadear sintomas de apatia ou desinteresse pela sua nova empresa.

Esses sintomas são gerados pelo seu *ego* que não expressa quem você realmente é. O ego reflete apenas sua auto-imagem, sua máscara social, o papel que você representa. Sua máscara social precisa de aprovação, de controle, de apoio no poder, porque vive com medo e precisa provar sempre alguma coisa.

Seja você mesmo. Não tema desafios. Respeite todas as pessoas e não se sinta inferior a ninguém nesses primeiros momentos de empresa. Mostre sua potencialidade.

Caso ocorram esses tipos de problema durante seu processo de adaptação, converse, exponha seus problemas e sentimentos a seu padrinho de integração. Juntos, poderão resolver várias questões de relacionamento e até de ordem administrativa que não eram percebidas pela organização.

18º desafio

INGRESSANDO NA EMPRESA
COMO ESTAGIÁRIO

MUITOS DE VOCÊS, recém-formados, cursando o último ano da faculdade ou último ano da escola técnica de 2º grau, entre outros, poderão ingressar em uma empresa através dos programas de estágio ou programas de *trainee*. Várias empresas adotam esses programas como principal forma de acesso a um processo seletivo para a contratação de seus profissionais. O que precisamos entender, basicamente, é:

- Estágio é o período de tempo em que o estudante inicia em sua profissão mediante a prática e o aperfeiçoamento de ensinamentos teóricos ministrados na escola.

O estágio deve ser feito em empresas que proporcionem experiência prática na área de formação do estudante.

A lei que regula os estágios remunerados de estudantes de 2º e 3º graus é a de nº 6.494, de 7 de dezembro de 1977. (Poderá ser analisada, em detalhes, no capítulo "Apêndice", no final deste livro.)

A realização do estágio não acarretará vínculo empregatício de nenhuma natureza. Estágio não é emprego, por isso não cria vínculo trabalhista entre as partes. Como comprovante da inexistência de vínculo empregatício é a celebração do Termo de Responsabilidade entre a concedente (empresa), a interveniente (instituição de ensino) e o estagiário (estudante).

Sobre a remuneração paga ao estagiário não incidem encargos previdenciários.

O estagiário pode (ou não) receber uma bolsa-auxílio para ajudá-lo a cobrir parte de seus gastos, como transporte e alimentação. O valor depende de cada empresa.

O estagiário *não* tem direito a férias, dissídios, acordos coletivos, 13º salário e aviso prévio.

Por liberalidade, a empresa pode conceder ao estagiário os benefícios assegurados aos demais empregados. O único benefício que as empresas são *obrigadas* a fornecer é o *seguro de acidentes pessoais*.

A jornada de trabalho deve ser compatível com a atividade escolar.

As centrais de estágios, que promovem a integração com as empresas, não podem cobrar taxa alguma do estudante.

A empresa não é obrigada a liberar o estagiário nem reduzir sua carga horária no período de provas na escola.

A legislação não exige que o estágio seja registrado na carteira profissional. As empresas costumam colocar os dados apenas no capítulo "Anotações gerais".

Não há duração mínima ou máxima definida por lei para a realização do estágio.

Cabe diferenciarmos o estagiário que está cursando a sua escola profissionalizante ou universidade daquele estagiário recém-formado, reconhecido no mercado de trabalho como estagiário *trainee*.

Programa de *trainees*

Como já mencionei, muitas empresas adotam programas de *trainee* para selecionar seus futuros *executivos*, dentre aqueles formados em universidades; ou para ocupar cargos de *primeira supervisão*, entre aqueles formados em escolas técnicas profissionalizantes e de grau médio.

Em linhas gerais, esse programa visa preparar a futura chefia de primeira linha e os futuros executivos que exercerão funções gerenciais. É um programa de longa duração, normalmente de um ano.

Nesse caso, diferentemente do estagiário que ainda não concluiu seu curso, o estagiário *trainee* é contratado pela empresa e são respeitados todos os direitos e obrigações previstas na Consolidação das Leis do Trabalho (CLT).

19º desafio

TRANSFORME SUA VIDA

ESTE SERÁ SEU PRINCIPAL DESAFIO. O primeiro passo já foi dado a partir do momento em que você leu este livro. Ele pretendeu lhe transmitir todo o processo de busca do primeiro emprego ou de uma nova colocação no mercado de trabalho. Objetivou também mudar seu nível de consciência sobre como fazê-lo.

Busquei deixar claro que você *deve sim* batalhar por um emprego, mas que este sirva de base para você ser, no menor tempo possível, um empreendedor. Ser empreendedor é ser o dono do próprio nariz, um dos únicos meios de você prosperar e garantir sua segurança e a dos seus, num futuro não muito distante.

Se vale um conselho, aqui vai um: *não busque a qualquer custo seu emprego.* Caso o consiga, este comportamento poderá apenas satisfazer seu ego, seus medos, seus pais e amigos.

Como já enfatizei, a busca insana e sem planejamento algum, hoje em dia, não é a melhor estratégia a ser adotada. Ter que trabalhar como empregado até a aposentadoria já não é mais algo que você tem que fazer única e exclusivamente para se manter e para se sentir seguro.

Seu emprego deverá ser a *base* do seu desenvolvimento pessoal e intelectual, de acordo com um planejamento preestabelecido e desenvolvido por você para que seu futuro seja brilhante e, efetivamente, seguro.

Sabemos que trabalhar faz bem para a dignidade humana, mas daí entrar em uma empresa e achar que todos os seus problemas estarão resolvidos é, no mínimo, um pensamento equivocado. Se você pensar dessa forma estará buscando apenas segurança momentânea e abrirá mão da sua liberdade de fazer tudo que sua intuição e criatividade podem planejar para que você venha a ter êxito e seja bem-sucedido.

Sua meta é transformar sua vida! Transformá-la é conseguir enxergar o sistema existente que o deixa preso a uma série de compromissos.

É um sistema intrincado que passa pelos valores, quase perpétuos, da sua família que lhe diz o que fazer e depois o cobrará por isso; passa pela escola que o prepara para ser um "*bom empregado*", e não um *empreendedor*.

Passa pela empresa que, com uma série de "benefícios", busca sua lealdade. Quando você estiver cansado ou ficar doente de tanto trabalhar, certamente irá descartá-lo e substituí-lo por outro "empregado igualmente leal" e, provavelmente, sem contestação alguma da sua parte.

Finalmente passa pelo sistema financeiro que, com a abertura de crédito para compra de casa, carro, cartão de crédito, cheque especial, entre outros, o manterá atrelado ao sistema. Com suas mãos atadas e sem ter para onde correr, terá que trabalhar mais e mais para pagar pelos seus compromissos assumidos.

Logo que você ingressar na empresa, como empregado efetivo, será aberta uma conta bancária para receber o depósito do seu salário. Não demorará muito até que um funcionário desta instituição bancária o procure e lhe ofereça cheque especial, cartão de crédito e outros produtos. Sua necessidade de status, como já vimos anteriormente, será então satisfeita, só que a um custo muito alto.

A seguir, tento sintetizar esse sistema que o manterá preso caso não planeje seu futuro.

19º DESAFIO – TRANSFORME SUA VIDA

Família
- Estudar muito
- Tirar boas notas
- Conseguir um bom emprego
- Casar

Sistema financeiro
- Abrir conta bancária
- Oferecer cheque especial
- Dar crédito para compras
- Dar crédito para casa própria

Escola
- Ser bom estudante
- Tirar boas notas
- Conseguir um bom emprego

Empresa
- Ser um bom empregado
- Ser leal
- Dar o melhor de si pela empresa

Analisando o quadro acima, em linhas gerais, tudo o que você precisava fazer era, em obediência a seus pais, ir para a escola, tirar notas boas, entrar em uma faculdade, se possível pública. Tirar boas notas, conseguir um emprego em uma boa empresa que lhe dê segurança, ser um empregado leal, passar a vida inteira lá dentro e aposentar-se.

No meio desse caminho, quem sabe, casar, comprar uma casa financiada, ter filhos, colocá-los em uma boa escola, pedir que eles tirem boas notas para, no futuro, entrarem em uma boa faculdade, se possível pública. Exigir que eles tirem boas notas para conseguir um bom emprego que lhes dê segurança até a aposentadoria, vê-los casar... e assim indefinidamente.

Quase que com certeza seus pais fizeram exatamente esse caminho. Deu certo? Eles prosperaram? Estão ricos? A aposentadoria recebida garante um bom padrão de vida? Cabe a você responder essas questões e escolher seu caminho.

Como você pode notar, é um sistema muito fechado. Uma vez dentro, fica muito difícil sair, mas há *uma boa notícia*: NÃO É IMPOSSÍVEL.

Para tanto, planeje sua carreira e mantenha controle sobre ela. Estude muito e analise as possibilidades de aplicar seus conhecimentos e experiências em algo que venha a lhe dar prazer e, com certeza, você obterá retorno financeiro. O mais importante você já conseguiu: conhecer o sistema e saber que ele é real.

Não se esqueça de que conhecer os princípios de administração, de matemática financeira ou de contabilidade é de fundamental importância para seu sucesso. O fato é que, embora muitas pessoas sejam bem capacitadas profissionalmente, acabam se equivocando quando o assunto é tomar decisões sobre dinheiro, daí a importância do investimento nessas matérias.

A empresa que lhe abrir as portas para um emprego deverá ser, como já mencionei, um trampolim para sua liberdade financeira. Não perca a oportunidade para aprender tudo o que for possível para seu desenvolvimento profissional e nunca perca de vista ou deixe de lado suas metas. Seja um funcionário dedicado, cumpridor dos seus deveres enquanto lá estiver. No futuro, como empreendedor, você poderá ser dono de uma empresa, gerará empregos e administrará pessoas com os mesmos objetivos seus de hoje em dia.

Eu, desde já, quando termino de escrever este livro, fico torcendo por você e desejando, firmemente, ter podido colaborar com seus objetivos.

Para aquele que busca sua recolocação profissional, espero ter podido abrir os olhos para não "aplicar" o FGTS ou recursos da família em aventuras empresariais. Abrir um negócio poderá não ser o melhor caminho. Controle a sua auto-estima. Mesmo que ela peça e insista que você não pode ficar fora do mercado de trabalho por muito tempo, aja com cautela e planejamento. Na dúvida, solicite orientações de pessoas ou instituições experientes.

A propósito, gostaria de conhecer sua opinião sobre tudo o que você leu neste livro e, se possível, poder sanar algumas dúvidas que, porventura, permaneceram. Assim, entre em contato comigo pelo e-mail cooperacaorh@socorronet.com.br.

Boa sorte!

Apêndices

1 – ESTÁGIO — LEI Nº 6.494 DE 7 DE DEZEMBRO DE 1977
2 – ESTÁGIO – DECRETO Nº 87.497 DE 18 DE AGOSTO DE 1982
3 – DINÂMICAS DE GRUPO
   TESTE DOS TRÊS MINUTOS
   LIDERANÇA GRUPAL
4 – TESTES
   TESTE PSICOTÉCNICO
   TESTE DE GRAFOLOGIA
   TESTE DE PERSONALIDADE
5 – MODELO DE CURRÍCULO
6 – BIBLIOGRAFIA

1

ESTÁGIO – LEI Nº 6.494
DE 7 DE DEZEMBRO DE 1977

DISPÕE SOBRE OS ESTÁGIOS DE ESTUDANTES de estabelecimentos de ensino superior e de ensino profissionalizante do 2º grau e supletivo, e dá outras providências.

Art. 1º As pessoas jurídicas de Direito Privado, os Órgãos de Administração Pública e as Instituições de Ensino podem aceitar, como estagiários, os alunos regularmente matriculados em cursos vinculados ao ensino público e particular.

§ 1º Os alunos a que se refere o caput deste artigo devem, comprovadamente, estar freqüentando cursos de educação superior, de ensino médio, de educação profissional de nível médio ou superior ou escolas de educação especial.

§ 2º O estágio somente poderá verificar-se em unidades que tenham condições de proporcionar experiência prática na linha de formação do estagiário, devendo o aluno estar em condições de realizar o estágio, segundo o disposto na regulamentação da presente Lei.

§ 3º Os estágios devem propiciar a complementação do ensino e da aprendizagem e ser planejados, executados, acompanhados e avaliados em conformidade com os currículos, programas e calendários escolares.

Art. 2º O estágio, independente do aspecto profissionalizante, direto e específico, poderá assumir a forma de atividades de extensão, mediante a participação do estudante em empreendimentos ou projetos de interesse social.

Art. 3º A realização do estágio dar-se-á mediante termo de compromisso celebrado entre o estudante e a parte concedente, com interveniência obrigatória da instituição de ensino.
§ 1º Os estágios curriculares serão desenvolvidos de acordo com o disposto no § 3º do art. desta Lei.
§ 2º Os estágios realizados sob forma de ação comunitária estão isentos de celebração de termo de compromisso.

Art. 4º O estágio não cria vínculo empregatício de qualquer natureza e o estagiário poderá receber bolsa, ou outra forma de contraprestação que venha a ser acordada, ressalvado o que dispuser a legislação previdenciária, devendo o estudante, em qualquer hipótese, estar segurado contra acidentes pessoais.

Art. 5º A jornada de atividade em estágio, a ser cumprida pelo estudante, deverá compatibilizar-se com seu horário escolar e com o horário da parte em que venha ocorrer o estágio. Parágrafo único. Nos períodos de férias escolares, a jornada de estágio será estabelecida de comum acordo entre o estagiário e a parte concedente do estágio, sempre com a interveniência da instituição de ensino.

Art. 6º O Poder Executivo regulamentará a presente Lei no prazo de (trinta) dias.

Art. 7º Esta Lei entrará em vigor na data de sua publicação.

Art. 8º Revogam-se as disposições em contrário.

2
ESTÁGIO — DECRETO Nº 87.497, DE 18 DE AGOSTO DE 1982

REGULAMENTA A LEI Nº 6.494, DE 7 DE DEZEMBRO DE 1977, estágio de estudantes de ensino superior e de 2º grau regular e supletivo.

Art. 1º O estágio curricular de estudantes regularmente matriculados e com freqüência efetiva nos cursos vinculados ao ensino oficial e particular, em nível superior e de 2º grau regular e supletivo, obedecerá às seguintes normas.

Art. 2º Considera-se estágio curricular, para os efeitos deste decreto, as atividades de aprendizagem social, profissional e cultural, proporcionadas ao estudante pela participação em situações reais de vida e trabalho de seu meio, sendo realizada na comunidade em geral ou junto a pessoas jurídicas de direito público ou privado, sob responsabilidade e coordenação de instituição de ensino.

Art. 3º O estágio curricular, como procedimento didático-pedagógico, é atividade de competência da instituição de ensino a quem cabe a decisão sobre a matéria e dele participam pessoas jurídicas de direito público e privado, oferecendo oportunidade e campos de estágio, outras formas de ajuda e colaborando no processo educativo.

Art. 4º As instituições de ensino regularão a matéria contida neste decreto e disporão sobre:
Inserção do estágio curricular na programação didático-pedagógica;
Carga-horária, duração e jornada de estágio curricular, que não poderá ser inferior a um semestre letivo;
Condições imprescindíveis, para caracterização e definição dos campos de estágios curriculares, referidas nos §§ 1º e 2º do art. 1º da Lei nº 6.494, de 7 de dezembro de 1977;
Sistemática de organização, orientação, supervisão e avaliação de estágio curricular.

Art. 5º Para caracterização e definição do estágio curricular é necessária, entre a instituição de ensino e pessoas jurídicas de direito público e privado, a existência de instrumento jurídico, periodicamente reexaminado, onde estarão acordadas todas as condições de realização daquele estágio, inclusive transferência de recursos à instituição de ensino quando for o caso.

Art. 6º A realização do estágio curricular, por parte de estudante, não acarretará vínculo empregatício de qualquer natureza.
§ 1º O Termo de Compromisso será celebrado entre o estudante e a parte concedente da oportunidade do estágio curricular, com a interveniência da instituição de ensino, e constituirá comprovante exigível, pela autoridade competente, da inexistência de vínculo empregatício.
§ 2º O Termo de Compromisso de que trata o parágrafo 1º deverá mencionar necessariamente o instrumento jurídico a que se vincula, nos termos do art. 5º.
§ 3º Quando o estágio curricular não se verificar em qualquer entidade pública e privada, inclusive como prevê o § 2º do art. 3º da Lei nº 6.494/77, não ocorrerá a celebração do Termo de Compromisso.

Art. 7º A instituição de ensino poderá recorrer aos serviços de agentes de integração públicos e privados, entre o sistema de ensino e os setores de produção, serviços, comunidade e governo, mediante condições acordadas em instrumento jurídico adequado. Parágrafo único. Os agentes de integração mencionados neste artigo atuarão com a finalidade de:

    a) Identificar para a instituição de ensino as oportunidades de estágios curriculares junto a pessoas jurídicas de direito público e privado;

    b) Facilitar o ajuste das condições de estágios curriculares, a constarem do instrumento jurídico mencionado no art. 5º;

    c) Prestar serviços administrativos, bem como cadastrar os estudantes, campos e oportunidades de estágios curriculares, além da execução de pagamento de bolsas, e outros solicitados pela instituição de ensino;

    d) Co-participar, com a instituição de ensino, no esforço de captação de recursos para viabilizar estágios curriculares.

Art. 8º A instituição de ensino ou a entidade pública ou privada concedente da oportunidade de estágio curricular, diretamente, ou através de atuação conjunta com agentes de integração referida no caput do artigo anterior, providenciará seguro de acidentes pessoais em favor do estudante (red. D. 2.080/96).

Art. 9º O disposto neste decreto não se aplica ao menor aprendiz, sujeito à formação profissional metódica do ofício em que exerça seu trabalho e vinculado à empresa por contrato de aprendizagem, nos termos da legislação trabalhista.

Art. 10 Em nenhuma hipótese poderá ser cobrada ao estudante qualquer taxa adicional referente às providências administrativas para a obtenção e para a realização do estágio curricular.

Art. 11 As disposições deste decreto aplicam-se aos estudantes estrangeiros, regularmente matriculados em instituições de ensino oficial ou reconhecidas.

Art. 12 No prazo máximo de 4 (quatro) semestres letivos, a contar do primeiro semestre posterior à data de publicação deste decreto, deverão estar ajustadas às presentes normas todas as situações hoje ocorrentes, com base em legislação anterior. Parágrafo único (Revogado pelo Decreto nº 89.467/84).

Art. 13 Este decreto entrará em vigor na data de sua publicação, revogados o Decreto nº 66.546, de 11/05/70, e o Decreto nº 75.778, de 26/05/75, bem como as disposições gerais e especiais que regulem em contrário ou de forma diversa a matéria (DOU, 19.8.82).

3
DINÂMICAS DE GRUPO

Todo selecionador tem sempre em mãos boas dinâmicas e, na maioria das vezes, bastante conhecidas e usadas por várias empresas. Normalmente elas são agrupadas por temas e por objetivos. Os temas mais usuais são:

- Ajuda mútua;
- Apresentação;
- Avaliação;
- Comunicação;
- Desenvolvimento pessoal;
- Dimensão pastoral;
- Estudo de casos;
- Figuras;
- Integração;
- Jogo comunitário;
- Organização de grupo de trabalho e liderança.

A seguir, darei dois exemplos de dinâmicas que poderão ser utilizadas em seu processo seletivo.

Teste dos três minutos

Este primeiro exemplo de dinâmica faz parte do tema ESTUDO DE CASO.

- *Objetivo*: Refletir sobre como o desejo de competir e sobressair leva, às vezes, a uma ação precipitada.
- *Material utilizado*: Cópias do teste e caneta para todos os participantes.
- *Quantidade de participantes*: de 5 a 20 (às vezes, não há restrição de número de participantes).
- *Descrição da dinâmica*: Entrega-se uma cópia do teste para cada participante. O teste deve ser feito com muita rapidez. Os três primeiros que terminarem receberão um prêmio do selecionador. Quem falar será multado ou excluído do teste.

Teste dos três minutos

- Leia atentamente todos os itens antes de fazer qualquer coisa.
- Ponha seu nome no canto superior direito da folha.
- Faça um círculo em volta da palavra "nome" do item 2.
- Desenhe cinco pequenos quadrados no canto superior esquerdo do papel.
- Ponha um "x" dentro de cada quadrado.
- Faça um círculo em volta de cada quadrado. Ponha sua assinatura sob o título dessa página.
- Logo em seguida ao título, escreva "sim, sim, sim".
- Faça um círculo em volta do número do item 7.
- Ponha um "x" no canto inferior esquerdo da página.
- Desenhe um triângulo em volta do "x" que você acabou de escrever.
- No verso desta página multiplique 13 por 12.
- Fure três buraquinhos no topo desta página com a caneta que você recebeu. Sublinhe todos os números pares desta página.
- Se você chegou neste ponto do teste, dê um tapinha nas costas do colega a seu lado.
- Se você acha que conseguiu fazer tudo certo até aqui, levante o

braço direito, conte até 3 mentalmente, abaixe o braço e continue o teste.
- Com sua caneta, dê três batidas fortes na cadeira.
- Se você é o primeiro que chegou até aqui, diga alto para todos ouvirem: "Estou na frente! Vocês precisam trabalhar mais rápido!".
- Faça um quadrado em volta do número do item anterior.
- Agora que você terminou de ler todos os itens cuidadosamente, faça somente o que está no item 2. Esqueça as outras instruções.
- Quando todos tiverem respondido o teste, o selecionador fará uma avaliação.*

Liderança grupal

Este segundo exemplo de dinâmica faz parte do tema ORGANIZAÇÃO DE GRUPOS E LIDERANÇA.

Objetivo: Analisar a organização grupal, descobrir lideranças, observar o comportamento de cada um nos vários papéis existentes.
Material: Folhas de papel, caneta, cronômetro ou relógio, quadro branco.

Descrição da dinâmica

Orientação: Essa dinâmica ajuda os integrantes do grupo a assumir conjuntamente um determinado trabalho, por isso não será enfatizada a idéia de um líder, mas sim de uma liderança, visto que todos deverão participar e ser observados.

Participar é comprometer-se, responsabilizar-se. As diferentes lideranças ou funções são um compromisso para o bom funcionamento do conjunto.

Permite que todos façam de tudo e ainda de modos e níveis diferentes. O que cada um faz individualmente pode ser objetivamente pouco, mas, subjetivamente, pode significar o início de um processo

---

* Junto com as respostas dos testes psicotécnicos, teço algumas considerações relativas a essa dinâmica.

de descoberta de si mesmo, de ser útil, de aproveitar suas próprias qualidades.

Significa, concretamente, libertar-se do medo, do complexo de inferioridade, da dominação por parte de outro, do anonimato passivo.

As funções de liderança são exercidas no início, durante e ao final da dinâmica. O grupo, dependendo do número de participantes, poderá ser subdividido pelo avaliador em grupos de até seis integrantes. Os critérios para a subdivisão poderão ser: por sexo, por idade, por cargo a ser preenchido. Dificilmente o selecionador o fará de modo aleatório. Dado um tema da atualidade ou de interesse da empresa, caberá a cada grupo eleger um representante ou coordenador que se responsabilizará, de modo geral, pelo desenvolvimento da reunião. Este coordenador deverá indicar, ou o grupo eleger, um secretário ou secretária que terá o papel de fazer a síntese do que foi tratado de mais importante no grupo, além de registrar as questões pendentes. Dado o tempo para o desenvolvimento da tarefa, o grupo deverá ter um cronometrista que controlará o tempo que se tem disponível. Um questionador é o que se preocupará com o aprofundamento do tema.

Desenvolvimento: Definidos os papéis de cada um, deverá ser organizada a pauta da reunião em função do tema a ser discutido, objetivando a busca de uma ou mais soluções/propostas possíveis. Realiza-se a tarefa no tempo estipulado. Terminada a tarefa, o grupo: 1) revê a pauta para verificar se toda a tarefa foi cumprida; 2) elege um representante que deverá expor, em plenário, as soluções/propostas sugeridas pelo grupo.

Conclusão: Terminada a dinâmica, o selecionador poderá fazer a avaliação da atividade, enfatizando a participação e o desempenho de cada um no processo. Nesta dinâmica a dica é que você assuma o papel de líder e, dentro das possibilidades, desempenhe outros papéis. Outra dica: apresentar os resultados do seu grupo em plenário poderá trazer bons resultados para você.

Recomendação final: EVITE CONTRADIZER OS COLEGAS!

Todas as opiniões deverão ser avaliadas e levadas em consideração. Evite utilizar a expressão "não concordo com você". Dependendo da situação, ela soará de modo agressivo.

4

TESTES

Testes psicotécnicos

Somente uma alternativa representa a seqüência lógica

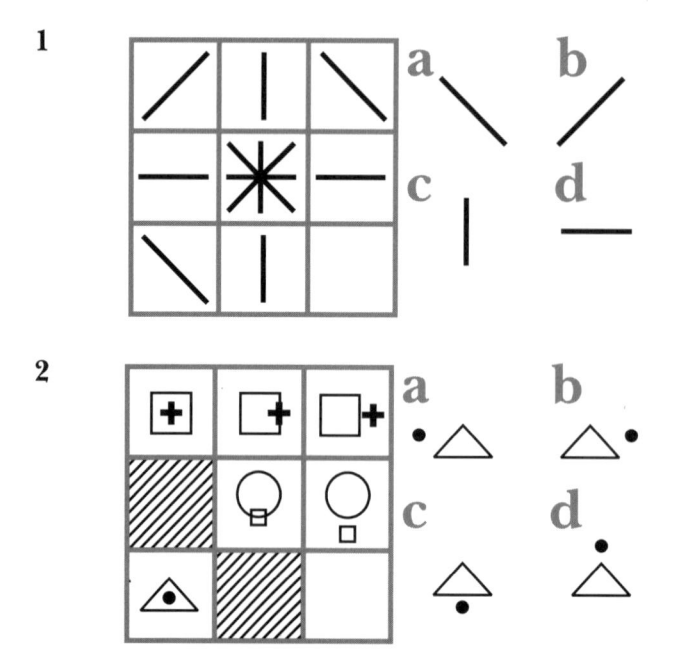

1

2

TESTES

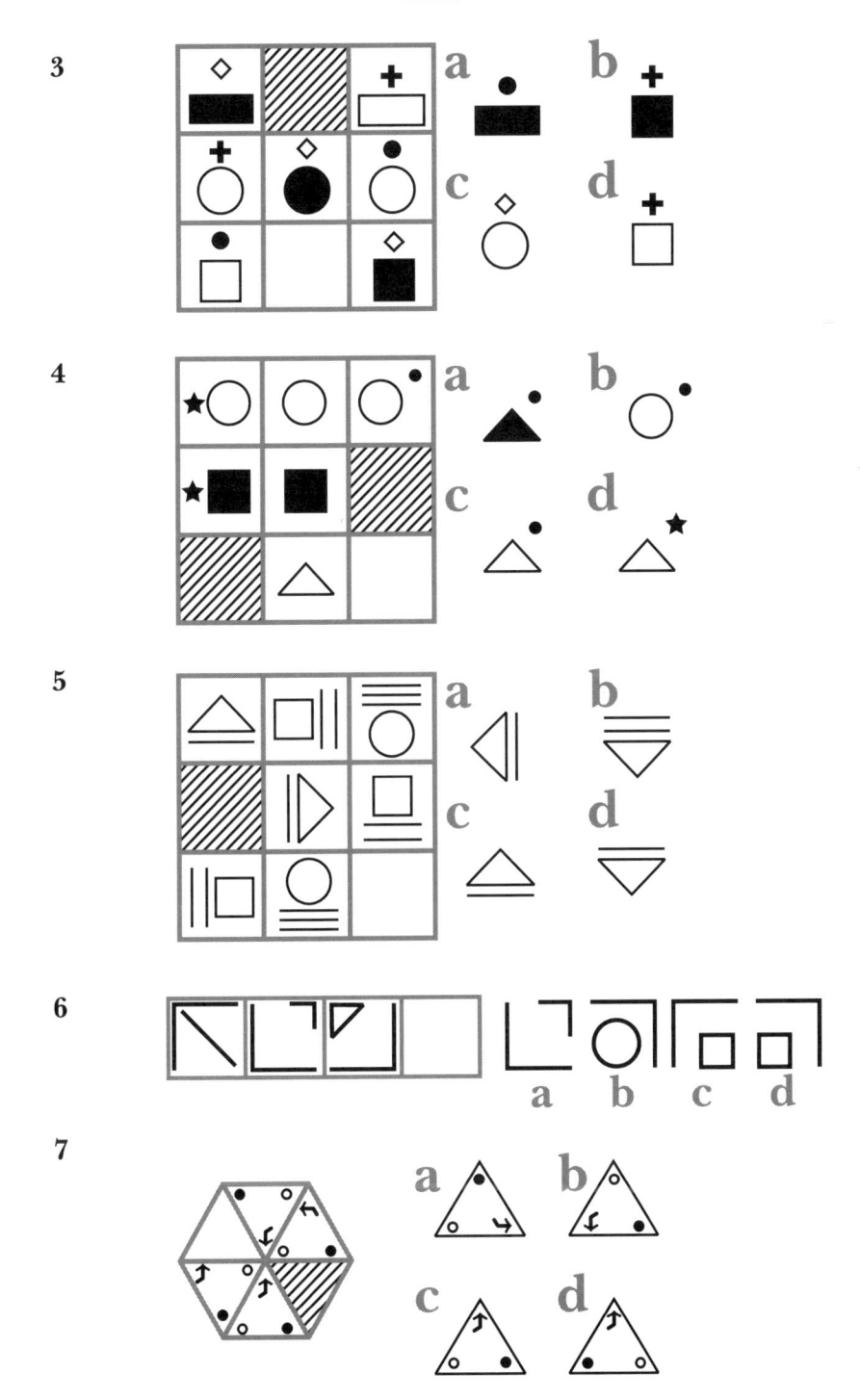

8. Qual dos cinco desenhos representa a melhor comparação?

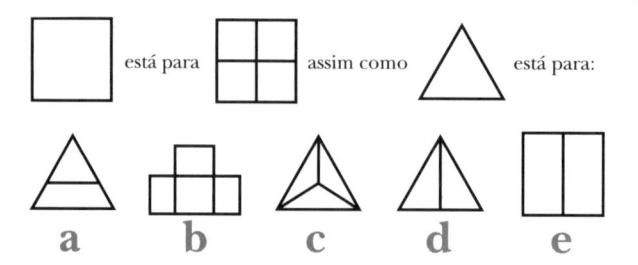

☐ está para ⊞ assim como △ está para:

a △ b 🏠 c △ d △ e ⊓

Respostas dos testes

1 – b; 2 – a; 3 – d; 4 – c; 5 – d; 6 – a; 7 – d; 8 – c

Considerações sobre a dinâmica — Teste dos três minutos

Esta é uma dinâmica que tem por objetivo, entre tantos outros, descontrair o grupo participante. Em algumas empresas ela poderá ser eliminatória, ou seja, dependendo do seu desempenho, você poderá ou não continuar participando do processo seletivo. Daí a importância de você estar totalmente concentrado para o teste e ter dominado sua ansiedade. Vamos às considerações.

Em linhas gerais, este é um teste utilizado em dinâmicas de grupo em que o selecionador, usando alguns artifícios, tais como cronômetro ou mesmo um relógio, folha de papel, caneta ou lápis, tentará induzi-lo ao erro. Se você observar o primeiro item do teste, "Leia atentamente todos os itens *antes* de fazer qualquer coisa", perceberá que, antes de mais nada, você deverá ler todo o teste e não fazer absolutamente nada que os demais itens solicitam.

Leia agora o último item do teste. Ele contém o seguinte texto: "Agora que você terminou de ler todos os itens cuidadosamente, faça *somente* o que está no item 2. Esqueça as outras instruções".

Como você poderá perceber, bastaria você ler atentamente todas as instruções e fazer somente o que pede o item 2: "Ponha seu nome no canto superior direito da folha". Provavelmente, isso não demandaria nem um minuto.

Normalmente, em razão da premência do tempo e por estar em

avaliação, o candidato não lê com a devida atenção e desenvolve tudo o que foi solicitado em cada um dos itens do teste. Este comportamento denota:

- Não saber seguir ordens ou instruções;
- Pressa para concluir tarefas;
- Querer competir a qualquer custo.

Além destas, tantas outras conclusões poderão ser tiradas a partir do perfil do cargo. Portanto, a calma, a leitura atenta, o controle emocional serão fundamentais para seu bom desempenho.

Teste de grafologia

Analise seus rabiscos.

Ao lado do seu telefone deve ter um bloquinho cheio de rabiscos. Preste atenção neles. Você vai ficar surpreso com algumas revelações que anda largando por aí. Segundo especialistas no assunto:

- *Espirais:* Quem fica desenhando espirais não gosta de ficar sozinho. Desenhos assim são feitos, geralmente, por pessoa que gosta de se destacar no grupo e batalha para ter alguma função em qualquer lugar, principalmente no grupo em que atua.
- *Flores:* Se você vira e mexe desenha flores, é então uma pessoa sensível. Seu jeito meio maternal, ou paternal, deve fazer muito sucesso entre sobrinhos e primos menores.
- *Setas:* Desenhar setas significa alguma idéia fixa. Se elas apontarem para baixo ou para a esquerda, falam de alguma coisa que já passou. Se apontarem para a direita, indicam futuro. Se as setas apontarem para cima, você deve estar entediado ou estressado.
- *Olhos:* Se você anda desenhando olhos é porque é uma pessoa curiosa ou está procurando alguma solução para um problema. O sentido do olhar também é importante: para a esquerda, indica algo no passado; para a direita, mira o futuro. Se você tiver desenhado olhos fechados é provável que não esteja querendo enfrentar uma situação ou não queira admitir algo cruel sobre si mesmo.

- *Círculos:* O hábito de desenhar círculos indica que você é uma pessoa que se completa e gosta de passar bastante tempo com outras pessoas, de se relacionar. No entanto, se são vários círculos que se sobrepõem, você gosta de ficar na sua. Pode ser também que esteja tentando guardar um segredo. Se você costuma completar o círculo cuidadosamente, deve já ter se dado mal ao se abrir com os outros e agora tenta se fechar mais.
- *Caras e bocas:* Tudo indica que se sinta bem ajustado a seu mundo. As expressões dessas figuras que surgem do nada também revelam como você está se sentindo. Ou seja: quem está contente desenha pessoas felizes. Se em vez disso, o que surge no papel são figuras esquisitas, fantasmas, algo deve estar atormentando sua vida.
- *Nomes:* Se você não pára de escrever seu próprio nome pode ser um jeito inconsciente de demonstrar que está triste ou se sentindo rejeitado pelos outros. Mas pode também significar que você anda muito preocupado consigo mesmo.
- *Cubos:* Desenhar cubos revela uma pessoa que nada tem de preguiçosa. Pelo contrário: você é criativo, motivado e gosta de pôr a mão na massa, de participar. Desenhar um cubo dentro do outro demonstra frustração com alguma coisa ou com alguém.
- *Estrelas:* Rabiscar estrelas é um sinal de ambição, de que você tem objetivos bem definidos na sua cabeça. Se as estrelas forem simétricas, você sabe analisar as situações, é curioso e seguro de si. Já as estrelas disformes, assimétricas, indicam que você tem muita energia, mas não sabe bem como usá-la.
- *Casas:* Desenhar casas significa estar se sentindo bem no lugar onde vive. Uma casa aponta para uma sensação de conforto, paz com a família, mesmo que algumas brigas com os irmãos pareçam dizer o contrário. Mas se a casa não tiver janelas nem portas isso pode indicar uma sensação de pouco espaço.
- *Linhas:* Linhas retas são feitas por quem é entusiasmado, objetivo e que vai direto ao ponto. Linhas em ziguezague ou que se cruzam várias vezes indicam que alguma coisa mexeu muito

com você, mas sua opção é não pôr o dedo na ferida. Ao menos por enquanto.

- *Ondas:* Você está pronto para mergulhar em alguma coisa nova, que pode mudar sua vida. Ondas lembram movimento, expectativa de uma oportunidade especial ou desejo de cair fora, rapidinho.

Teste de personalidade

Pegue uma caneta ou lápis e papel, anote as respostas e depois veja a resposta a seguir. Este teste demonstra sua personalidade atual, não o que você foi no passado. Este é um teste real dado pelo departamento de relações humanas de muitas grandes empresas hoje em dia. Ajuda a entender melhor o que interessa aos empregados deles e futuros empregados em potencial. São apenas dez perguntas simples:

1. Quando você se sente melhor?
    (a) pela manhã
    (b) durante a tarde e final de tarde
    (c) tarde da noite

2. Você normalmente caminha:
    (a) bastante rápido, com passos longos
    (b) bastante rápido, com passos curtos e ligeiros
    (c) menos rápido e cabeça para cima, olhando o mundo de frente
    (d) menos rápido, com a cabeça para baixo
    (e) muito lentamente à noite

3. Ao falar com as pessoas você:
    (a) fica de pé com os braços dobrados
    (b) fica com as mãos apertadas (fechadas)
    (c) com uma ou ambas mãos nos quadris
    (d) toca ou empurra a pessoa com quem você está falando
    (e) brinca com a orelha, toca o queixo ou alisa o cabelo

4. Ao relaxar, você se senta com:
   - (a) os joelhos dobrados juntos lado a lado com as pernas
   - (b) cruza as pernas
   - (c) com as pernas esticadas ou abertas
   - (d) uma perna debaixo de você

5. Quando algo realmente o faz rir, você reage com:
   - (a) uma gargalhada
   - (b) uma risada, mas não muito alta
   - (c) um riso quieto
   - (d) um sorriso embaraçado

6. Quando vai para uma festa ou reunião social, você:
   - (a) faz uma entrada chamativa, assim todo o mundo o nota
   - (b) faz uma entrada quieta, enquanto procura conhecido
   - (c) faz uma entrada mais quieta, tentando ficar despercebido

7. Quando está trabalhando muito concentrado e é interrompido, você:
   - (a) dá boas-vindas à interrupção
   - (b) fica extremamente irritado
   - (c) varia entre estes dois extremos

8. De qual das seguintes cores você gosta mais?
   - (a) vermelho ou laranja
   - (b) preto
   - (c) amarelo ou azul-claro
   - (d) verde
   - (e) azul-escuro ou roxo
   - (f) branco
   - (g) marrom ou cinza

9. Quando está na cama, nesses últimos momentos antes de ir dormir, você deita:
   - (a) reto de costas
   - (b) reto de bruços

(c) de lado, ligeiramente curvo
(d) com a cabeça em um braço
(e) com a cabeça debaixo das cobertas

10. Você freqüentemente sonha que está:
    (a) caindo
    (b) lutando ou discutindo
    (c) procurando algo ou alguém
    (d) voando ou flutuando
    (e) você normalmente não tem sonhos (não lembra)
    (f) seus sonhos sempre são agradáveis

PONTOS
1. (a) 2; (b) 4; (c) 6
2. (a) 6; (b) 4; (c) 7; (d) 2; (e) 1
3. (a) 4; (b) 2; (c) 5; (d) 7; (e) 6
4. (a) 4; (b) 6; (c) 2; (d) 1
5. (a) 6; (b) 4; (c) 3; (d) 5
6. (a) 6; (b) 4; (c) 2
7. (a) 6; (b) 2; (c) 4
8. (a) 6; (b) 7; (c) 5; (d) 4; (e) 3; (f) 2; (g) 1
9. (a) 7; (b) 6; (c) 4; (d) 2; (e) 1
10. (a) 4; (b) 2; (c) 3; (d) 5; (e) 6; (f) 1

Agora some seus pontos. Se sua soma deu:

- MAIS DE 60 PONTOS: As pessoas com quem você se relaciona acreditam que devem tomar cuidado com você, pois você é visto como vaidoso, egocêntrico e extremamente dominante. Outros podem admirá-lo, desejando estar mais próximo de você ou mesmo participando, mas nem sempre confiam, hesitando em se tornarem muito envolvidos com você.
- 51 A 60 PONTOS: Outros o vêem como uma pessoa animada, de personalidade altamente volátil, bastante impulsiva; um líder natural, que rapidamente toma decisões, entretanto nem sempre acerta. Eles o vêem como tipo arrojado e aventureiro, alguém que tentará qualquer coisa para atingir objetivos. Al-

guém que se arrisca e parte para aventuras. Eles gostam de estar em sua companhia por causa da excitação que você irradia.

- 41 A 50 PONTOS: Outros o vêem como vivo, encantador, divertido, prático e sempre interessante; alguém que constantemente está no centro da atenção, mas suficientemente sensato para não deixar isso subir à cabeça. Eles também o vêem como amável, considerado e compreensivo; alguém que sempre os animará e os ajudará.

- 31 A 40 PONTOS: Outros o vêem como sensato, cauteloso, cuidadoso e prático. É visto como inteligente, talentoso ou abençoado, mas modesto. Uma pessoa que não faz amigos muito depressa ou facilmente, mas alguém que é extremamente leal e espera a mesma lealdade em retorno. É bem difícil abalar sua confiança nos amigos, mas igualmente leva muito tempo para superar um desgosto se aquela confiança for quebrada.

- 21 A 30 PONTOS: Seus amigos o vêem como uma pessoa zelosa e que entra em pânico quando algo dá errado ou quando não consegue cumprir metas. Eles o vêem como uma pessoa muito cautelosa, extremamente cuidadosa e introvertida. Por causa da sua natureza, realiza as tarefas examinando toda e qualquer possibilidade de erro e, quando em dúvida, demora a tomar decisões, o que o leva, invariavelmente, ao não cumprimento de prazos.

- ABAIXO DE 21 PONTOS: As pessoas pensam que você é tímido, nervoso e indeciso. Alguém que precisa pensar mais e espera que outra pessoa tome as decisões por você. Busca não se envolver com qualquer um ou qualquer coisa. Elas o vêem como uma pessoa preocupada que sempre vê problemas onde eles não existem. Algumas pessoas pensam que você é enfadonho. Só os que o conhecem sabem que você não é bem assim.

5
MODELO DE CURRÍCULO

CURRICULUM VITAE

INTERESSE ESTÁGIO EM DIREITO

OBJETIVO
Quero dar continuidade à minha vida profissional, buscando conhecer as dificuldades, os caminhos e as soluções para os problemas de cada um dos setores que compõem o universo do Direito. Buscar definições quanto à minha área futura de interesse profissional. Ocupar posição de advogado júnior em empresas dos setores industrial, comercial, de transporte ou de serviços, para desenvolver atividades e contribuir com meus conhecimentos técnicos e experiência adquiridos em três anos de estágio para melhor desempenho comercial da empresa que me contratar.

PERFIL EDUCACIONAL
- 1985-1999 — Colégio Santa Marcelina São Paulo/SP — 2º grau completo

- 2000 — UNIFMU — Faculdades Metropolitanas Unidas — curso de Direito

PERFIL PROFISSIONAL

Iniciei minha carreira profissional há três anos como estagiário de Direito, desenvolvida predominantemente em empresas nacionais do setor de serviços: (Admasp — Assessoria Planejamento e Administradora de Imóveis Ltda.), no escritório de advocacia (Renzo de Carvalho & Corcione — Assessoria Jurídica e Empresarial), no escritório Husni Paolillo Cabarati — Advogados S/C.

Atualmente faço estágio na empresa Duratex S/A.

EVOLUÇÃO DA CARREIRA

- Admasp — Assessoria, Planejamento e Administradora de Imóveis Ltda. — 3/2001 a 6/2001
  Como atividades principais desenvolvidas neste período de estágio destaco:
    – Contratos para locação de imóveis;
    – Administração condominial;
    – Contas a receber e cobranças extrajudiciais.

- Renzo de Carvalho e Corcione — 7/2001 a 12/2002
  Concluí meu estágio nesta empresa no ano de 2002 onde atuei, predominantemente, na esfera cível. Nestes dezessete meses de estágio pude aprender, desenvolver e aplicar na prática, entre várias atividades, as abaixo destacadas:
    – *Acompanhamento processual* na área cível e trabalhista.
    – *Direito Desportivo* na Sociedade Esportiva Palmeiras.
    – *Direito Marcário/Direito Autoral* — *Busca e Apreensão* de produtos contrafeitos da marca Sociedade Esportiva *Palmeiras*; Associação Desportiva *São Caetano*; No Stress e outras.
    – Junta Comercial. Juizados Especiais Cíveis.
    – *Cobranças* extrajudiciais e acompanhamento de processos em outras comarcas.

- Husni Paolillo Cabarati Advogados S/C — 17/3/2003 a 15/11/2003

  Entre as principais atividades desenvolvidas e que agregam valor a meu aprendizado destaco:
  - *Acompanhamento processual* na área cível e administrativa (Fazenda Pública).
  - *Acompanhamento processual* no Tribunal de Justiça.
  - *Petições e acompanhamento de processos de desapropriação.*
- Duratex S/A — 1/12/2003 — Atual.

IDIOMAS

Cursando inglês, 2º semestre.

INFORMÁTICA

- Conhecimentos teóricos e práticos de Windows/Word/Access/Excel/CorelDraw — Cia Byte Escola de Informática.
- Desenvolvimento e participação em site jurídico www.acessojuridico.hpg.com.br.

Possuo carro próprio com *disponibilidade para viagens* que se fizerem necessárias e em compatibilidade com os horários escolares.

Henrique de Paula Rodrigues

6
BIBLIOGRAFIA

ANTUNES, Ricardo. *Adeus ao trabalho? Ensaio sobre a metamorfose e a centralidade do mundo do trabalho.* São Paulo, 3ª ed., Cortez.

BERNE, E. *Análise transacional em psicoterapia.* São Paulo, Summus.

——— *O que você diz depois de dizer olá.* São Paulo, Nobel, 1988.

——— *Os jogos da vida.* São Paulo, Brasiliense, 1978.

CAMARGO, José Márcio. *Flexibilidade do mercado de trabalho no Brasil.* Rio de Janeiro, Fundação Getulio Vargas, 1996.

CASTEL, Saulo. Consultoria Científica. *Saiba mais sobre fobia social ou transtorno de ansiedade social.* Encarte SN LiBBS.

CHIAVENATO, Idalberto. *Introdução geral da administração.* São Paulo, McGraw do Brasil, 1979.

CHOPRA, Deepak. *As sete leis espirituais do sucesso.* São Paulo, Best Seller, 1994.

DUARTE, Renato. *Emprego e renda na economia informal da América Latina.* Recife, Fundação Joaquim Nabuco, Masangana/Sudene, 1984.

DYNA, Pe Onivaldo (org.). *Dinâmicas em fichas.* CCJ/SP.

EDITORES MÉDICOS, S/A EDIMSA. *Orientação para o tratamento da depressão.* Encarte SN LiBBS, 2001.

FAILDE, Isabel; RICCI, Juliana; KREIBICH, Daise; MARUCCI, Renata e WERNIKOFF, Tatiana. *Contribuições — Tudo o que você queria saber sobre dinâmicas de grupo.*

KIYOSAKI, Robert T. e LECHTER, Sharon L. *Profecias do pai rico, o que está por vir, como se preparar e lucrar mais — O guia do pai rico.* São Paulo, Campus, 2003.

MOSCOVICI, Felá. *Desenvolvimento interpessoal.* Rio de Janeiro, Livros Técnicos e Científicos, Ed. S/A, 1975.

OLIVEIRA, Carlos e MATTOSO, Jorge (orgs.). *Crise e trabalho no Brasil — modernidade ou volta ao passado?* São Paulo, 2ª ed., Scrita/Edições Sociais, 1997.

RIBEIRO, Lair. *O sucesso não ocorre por acaso: é simples mas não é fácil.* Rio de Janeiro, Objetiva,1993.

RIFKIN, Jeremy. *O fim dos empregos: o declínio inevitável dos níveis dos empregos e a redução da força global de trabalho.* Tradução de Ruth Gabriela Bahr. São Paulo, 1ª ed., Makron Books, 1995.

ROSS DE GARCIA, Antonio Cezar. "O trabalho, o emprego e a informalização das relações com o Estado", dissertação de mestrado. Escola de Serviço Social da Universidade Católica de Pelotas, RS, 1998.

SANCHIS, Enric. *Da escola ao desemprego.* Tradução de Martha Vieira e Célia Linhares. Rio de Janeiro, 1ª ed., Agir, 1997.

SEVERIANO DE SOUSA, Mário. *Compêndio da língua portuguesa.* Rio de Janeiro, Editora Antonio Lopes, 1978.

*Este livro foi composto em New Baskerville
para a Editora Planeta do Brasil
em agosto de 2004.*